黄迪 著

孙末楠的社会学

百年中国社会学丛书

商务印书馆
The Commercial Press

北京大学社会学系 编

本丛书由北京大学余天休社会学基金提供出版支持。

总　序

　　中国社会学的发轫，起于变法维新与共和鼎革之际。先是康有为经由经学革命而提出的"大同说"，后有章太炎通过再造历史民族而确立的"正信观"，为这场现代思想变革的底色。而康、梁所倡导的"合群立会"主张，或是严复借移译西学而确立的群学思想，则是由西学东渐而来的另一层底色。

　　现代中国所经世变之亟，社会学之为新学，形成伊始便承担着综合学问的角色。章太炎先生说："人类有各种学术，则有统一科学之二法。其一，欲发现一切科学之原理，而据此原理，以综合一切科学者，是为哲学之目的，此所以称科学之科学也。其二，欲测定复杂之程度，而使一切科学，从其发现之早晚而排列之，是为社会学之任务，此所以亦称科学之科学也。"（章太炎译《社会学》）严复先生主张"以群学为纲"，认为"群学之目，如政治，如刑名，如理财，如史学，皆治事者所当有事者也。"（《西学门径功用》）

　　由此可见，从百余年前中国社会学发生以来，即确立了上接中国经史传统、下融西方科学观念，上识国体、下察民情的基本精神，不仅作为引入和融合各种思潮学说的桥梁，而且为各个学科提供了可资借鉴的概念和方法。百年间，社会学也曾伴随现代中国曲折前行的道路，经历有多变的命运。

从民国时期社会学的诞生，到 20 世纪 70 年代末社会学的恢复重建，北京大学在社会学学科发展上始终产生着重要影响。如今的学科体系，汇合有 1952 年院系调整之前北京大学和燕京大学的两大学术传统。民国期间北京大学虽未有社会学的系科建制，但李大钊、陶孟和、梁漱溟等先生一直通过课堂教学和政治实践传播社会学思想。燕京大学则学科设置齐备，前有步济时、甘博等国外社会学家的贡献，以及吴文藻、杨开道、杨堃等第一批中国社会学家的开拓性工作；后有李安宅、林耀华、费孝通和瞿同祖等学者发扬光大，由此奠定了中国现代社会科学史中最具学术创造力的"燕京学派"。改革开放以来，雷洁琼、费孝通和袁方等先生为北京大学社会学系的复建和社会学人类学研究所的成立，倾注了毕生心血，为后人留下了宝贵的学术遗产。

北京大学社会学前辈始终致力于社会学"中国化"的事业。无论是马克思主义学说的传入和践行，还是乡村建设运动的展开；无论是基于中国社会本位的社区研究及实验，还是有关中国文明传统及其历史变迁的探究；无论是对于中国边疆区域的田野考察，还是关于中华民族多元一体的理论构建；无论是对美国芝加哥学派的借鉴，还是对法国"年鉴学派"的引进，无不被纳入社会学家的视野之中，并真正为代代后学培育了立国化民的社会关怀感和学术使命感。时至今日，世界历史有了新的图景，中国文明也迎来了复兴的时代。今天的社会学家不仅需要有宏阔开放的眼光，需要细致观察社会生活变化的点点滴滴，更需要不断追溯以往，去重新领悟先贤们的智慧和胸怀。

诚如费孝通先生所说："从宏观的人类文化史和全球视野来看，

世界上的很多问题，经过很多波折、失误、冲突、破坏之后，恰恰又不得不回到先贤们早已经关注、探讨和教诲的那些基点上。社会学充分认识这种历史荣辱兴衰的大轮回，有助于我们从总体上把握我们很多社会现象和社会问题的脉络，在面对人类社会的巨大变局的时代，能够'心有灵犀'，充分'领悟'这个时代的'言外之意'。"（《试谈扩展社会学的传统界限》）

为传承中国社会学的学术传统，推进中国社会学的未来发展，北京大学社会学系编纂出版"百年中国社会学丛书"，通过系统整理以北京大学和燕京大学为主的前辈学人的研究成果，全面呈现中国社会学百年以来所确立的学科范式、视角、概念和方法，以飨读者。

因丛书所收篇目部分为 20 世纪早期刊印，其语言习惯、遣词造句等有较明显的时代印痕，且作者自有其文字风格，为尊重历史和作者，均依原版本照录；丛书底本脱、衍、讹、倒之处，唯明显且影响阅读者径改之，不出校记；数字、标点符号的用法，在不损害原义的情况下，从现行规范统一校订。特此说明。

北京大学社会学系

2018 年 7 月

孙末楠学说、黄迪与燕大社会学 [①]

岳永逸

一

作为野乘，在中国社会（人类）学学科史中，后起建构的燕京学派有"吴门四犬"一说（林耀华，1999：8），用来指吴文藻（1901—1985）在燕京大学（燕大）的庚戌狗年出生的四位高足：黄迪（1910—？）、林耀华（1910—2000）、费孝通（1910—2005）和瞿同祖（1910—2008）。与后三位在二十世纪前半叶享誉学界，高寿并终老国内不同，黄迪多少有些湮没无闻。太平洋战争爆发后，黄迪去了美国，移居海外。然而，无论对于燕京学派、燕大社会学还是中国社会学而言，1942 年前的黄迪都是一位不容忽视的学者。

如今，可以查找到的黄迪的生平资料有限。只知道他是福建义序人，字兆临。在"吴门四犬"中，黄迪在燕大社会学系学士、硕士毕业最早，分别在 1931 和 1934 年，毕业论文是《"五四"以来中国学潮原因之分析》和《孙末楠的社会学》。瞿同祖相对晚

---

① 原题为《民俗、社区与文化：燕京大学社会学的本土化探索》，发表于《民俗研究》2022 年第 1 期。本文在此基础上修订而成。

些，1934、1936年先后在燕大获得学士和硕士学位，硕士毕业论文即有名的《中国封建社会》。无论本科还是硕士，黄迪都比林耀华早一年。林耀华前往"气息相通"的义序做田野调查，就有黄迪的推引（林耀华，2011：51）。卢沟桥事变后，黄迪留守北平，与赵承信、杨堃等一道主导着燕大社会学系"社会学实验室"平郊村（前八家村）的研究。

在去国之前，黄迪不但深研了孙末楠（William G. Sumner）以民俗学说为主体的社会学，介绍因受文化人类学初民社区研究影响的、人文区位学（Human Ecology）关注时间维度——时化（timing）——的新进展，还撰写了燕大因应乡建运动的试验区——清河村镇社区——的调研报告。人文区位学的"community"与"社区"的对译，黄迪扮演了关键角色。他对该概念进行了深入的本土化释读，强调家、村、镇、市等不同层级社区之间的连带性和一体性。在功能论的译介上，他与费孝通、贾元黉一道翻译了马林诺夫斯基（B. Malinowski）《文化论》，对布朗（Alfred Radcliffe-Brown）的比较社会学同样有着独到的见解。受本尼迪克特（R. Benedict，当时译为白乃获）等人的影响，他创造性地提出了"文化重心"这一概念。在社会学实验室平郊村的研究中，他指导了沈兆麟《平郊某村政治组织》（1940）、邢炳南《平郊村之农具》（1941）、方大慈《平郊村之乡鸭业》（1941）和韩光远《平郊村一个农家的个案研究》（1941）等厚重的学士毕业论文，将社区—功能论夯实落地。此外，发挥其理论所长，他还指导了沈瑶珊《芝加哥学派之都市社会学》（1939）、檀先璜《近今中国犯罪研究的分析》（1939）等偏重理论的毕业论文。

学界既有的对又称社区—功能学派的燕京学派的建构大抵是

以吴文藻、费孝通和林耀华为核心的。显然，这不但未能涵盖燕大社会学师生多样的研究，还忽视了孙末楠学说和民俗学研究之于燕大社会学的重要性（岳永逸，2021a）。民俗（德型）、社区与文化，或者可以分别作为燕大社会学对孙末楠民俗学说、人文区位学、功能人类学和比较社会学本土化的三个面相。在此历程中，李安宅、黄石、赵承信、瞿同祖、费孝通和林耀华等都不同程度参与其中，而黄迪则紧随吴文藻贯穿始终。

二

　　在二十世纪二三十年代引入的过程中，孙末楠，又音译为撒木讷、萨谟涅、萨谟奈等。[①]1899 年，五十岁的孙末楠转向社会学。因发现"民俗"至关重要，于是先写出了 *Folkways* 一书（Sumner，1906）。该书取材丰富、内容广博、分析深刻，"不啻将整个社会隐含在内"（黄迪，1933：229），成为当时美国社会学界"脚踏实地根据事实的著作"中最受欢迎的一本（转引自吴景超，1929：2）和"最有独到的贡献的著作"（派克，1932：3）。1927 年，由孙末楠弟子恺莱（Albert G. Keller）整理完成的《社会的科学》（*The Science of Society*）的研究对象和出发点，依然是人类如何适应其环境——"习俗礼教制度等的演化"（游嘉德，1929：2—6）。也即，孙末楠的民俗学说与社会学说实乃两位一体。

---

　　① 二十世纪末，学界将其音译为萨姆纳（高丙中，1994：76—102），孙末楠反而不为人所知。

　　问世之后，孙末楠学说对美国社会学和中国社会学、民俗学都产生了巨大影响。它不但是派克（Robert E. Park）人文区位学的理论源头之一（派克，1933），Folkways 一词还派生出季亭史（F. H. Giddings）Stateways——"国纪"（吴文藻，1933a：26—27）一词。何乐益关于中国岁时节日、信仰和敬拜的民俗专书就用 folkways 命名（Hodous，1929）。二十世纪前半叶，中国学界对 *Folkways* 有着民俗、民俗学、民俗论、民风、民风论、俗道论等多个译名。1943 年 9 月，在成都创刊的"研究人生社会·介绍风土人情"的《风土什志》对应的英文刊名即 *"The Folkways"*。

　　最早向国人介绍孙末楠学说的应该是孙本文。1927 年，他将孙末楠在同一"超机官"上三个层次的民俗 Folkways、Mores 和 Institutions 分别译为"民俗""俗型"和"制度"，介绍了孙末楠民俗学说的核心观点，诸如："民俗在个人为习惯，在社会为风俗"；"社会的生活 societal life 全在造成民俗与应用民俗"；"社会的科学 The Science of Society 即是一种研究民俗的学问"（孙本文，1927：41—43）。两年后，孙本文将 Mores 翻译为"德型"（1929）。与孙本文不同，李安宅将孙末楠民俗学说的三个核心词分别译为民风、民仪和制度，并始终坚持使用自己的译名（岳永逸，2021b）。

　　1932 年 9—12 月，在燕大社会学系讲学的派克对孙末楠 *Folkways* 不遗余力地宣讲，使得孙末楠以民俗学说为核心的社会学说成为燕大社会学系师生的常识，并引发中国学界对孙末楠学说探究的又一高潮。吴景超特意撰文介绍孙末楠勤做札记的治学方法（1934）。受孙末楠民俗学说的影响，1934 年本科尚未毕业的瞿同祖和在燕大做特别生的黄石先后对"民俗"进行社会学的俗、礼、法三分（瞿同祖，1934a）和风、俗、礼、制的四分（黄华节，1934）。在相当意义上，这加快了中国民俗学社会学化的进程（岳永逸，2021c）。正是在此语境下，黄迪于1934年写出厚重的硕士毕业论文《孙末楠的社会学》。

注重调适的历程、注重民俗对于人生的影响、注重归纳的研究方法而非理论先行，是孙末楠对于社会学的特殊贡献所在（孙本文，1929：15—16）。其中，德型的诠释又是孙末楠民俗学说的重中之重。在孙本文归纳的孙末楠民俗学说的十三个要点之中，后八点都在谈德型（孙本文，1929：6—10）。同样，德型也是更加全面系统研究孙末楠学说的黄迪译介和释读的重点。有鉴于孙末楠"社会的生活是造成民风和应用民风，社会的科学可以认为是研究民风的科学"（Sumner，1906：34）的总体认知，黄迪（1934：125—174）将民风、德型和制度并列在其硕士毕业论文第二编"社会观"的第四章"社会秩序"之下。

在翻译了孙末楠"民俗"的定义之后（Sumner，1906：2、19、30、33—34、67；黄迪，1934：127—129），黄迪描述了民风的形成：满足需要在人类社会既是个体的事，也是群体的事；相同的需要和处境导致同样满足需要的方法，每个人可因其他人的经验获益；经过互相刺激、交换、贡献与甄别而被选择的满足需要的方法，由一个人的习惯成为多人的习惯，即民风（黄迪，1934：130）。进而，黄迪总结的孙末楠阐释的民俗特征包括：1. 社会空间上的普遍性，民俗乃所有社会制度、上层建筑的基石；2. 时间连续性上的传统性；3. 个体与群体先天习得的无意识性；4. 民俗的一贯性，即一个时代或一个地域民俗的彼此关联、互相交织和牵制的系统性与整体性；5. 作为最重要的社会势力，民俗的控制性（黄迪，1934：134—140；1937a）。此外，孙末楠也注意到民俗的过程性，注意到了街车、电话等新的工具、技术、生产方式的出现会促生新的民俗，注意到了民俗不同于行政力量、司法等支撑的法律的控制力的柔性特征（Sumner，1906：19、35—36、117—118）。

在孙末楠的民俗学体系中，作为与民俗相提并论的重要概念，德型来自民俗，是一种特殊、高阶与更稳定更具支配力的民俗。因为权利与义务观念、社会福利（welfare）的观念，最先与"怕鬼及来世观念相连着发展"，所以这一领域的民俗也就最先上升为德型（Sumner，1906：30）。对孙末楠而言，德型包括：道德，禁忌，仪式，贞洁、检点、谦和、得体等社会准则，时髦、虚饰、嗜好，身份等日常生活现象，以及与这些现象同时存在的观念、信念、欲望、理想等（黄迪，1934：148—159）。常识和直觉强化了德型的神圣性，从而使之对传承享有者具有更大的约束力，对于一个群体更具有持久性，犹如社会秩序甚或社会历程的磐石（Sumner，1906：76—80）。孙末楠认为，德型的僵硬性、保守性和顽固性一旦发展到极端，就会阻碍社会的演化。即，当德型不能随生活情势（life conditions）而变通，革命或改良的爆发就有着某种必然性。对此，李安宅进行了很好的化用。在融入唯物主义之后，他用其来解释中国的礼，并将革命归为大势所趋的"变"（李安宅，1931：1—9；岳永逸，2021b）。

重要的德型又会演进为包括法律在内的制度。在孙末楠看来，财产、婚姻和宗教等基本的制度，都是由民风、德型加以观念（概念）和结构（间架）演化而来，是理性的发明。因此，相对而言，德型中的信仰、情操、无意识、非自主等因素，在明定的制度那里被理性、功利实际、有意识和自主所取代，且以武力和权力作为后盾（Sumner，1906：53—54、56）。最终，作为一套或一串东西，民风、德型和制度就合成了一个社会的超级系统的总体，并表现为该民族独立的精神、特殊的品格或个性，这即孙末楠所言的"民族性"（Ethos）（黄迪，1934：166—168；黄兆临，1936a：13）。

在孙末楠众多关于民俗的比喻性描述中，黄迪捕捉到了孙末楠将德型视为人须臾离不开也不会想为何要呼吸的空气的比喻（Sumner，1906：76；黄迪，1934：138；黄迪，1936b）。正是如此地细读，黄迪将孙末楠"社会的生活是造成民风和应用民风"这一命题创造性地扩充为"社会生活是在于造成民风，应用民风，和传递民风"（黄迪，1934：135）。黄迪的这一定义，与二十世纪末中国民俗学权威教科书中的民俗定义（钟敬文主编，1998：1—2）已经高度吻合。

三

在中国社会学本土化的历程中，燕大社会学系首任中国籍系主任许仕廉至关重要。在主政燕大社会学系期间，他不但有序地推进着社会学的本土化（杨燕、孙邦华，2015），还旗帜鲜明地将风俗列为燕大社会学的十大研究之首（许仕廉，1929：180）。同样是因为派克的关系，原本就重视民俗、民俗学，且熟知孙末楠学说的吴文藻，将 folkways 置于了 folklore 之上，从而在相当意义上将社会学的民俗与民俗学的民俗区分了开来。在介绍季亭史社会学学说时，吴文藻（1933a：26）指出：涉及集合或众多行为者的社会反应即民风（folkways）；要尽情描写一人群多行为及其生活方式，非孙末楠"民风"莫属，而且民风明显要比西国文字中已有的民俗（folklore）"更进一层"。受派克《论中国》（费孝通译，1933）一文的启发，吴文藻在转述派克对中国与美国的比较时，更加明确地将中国定格在乡村社会、农业社会，民俗社会、风俗、德型等都是其关键词（吴文藻，1933b：11）。作为师长，吴文藻关于 folkways 和 folklore 的认知、宣讲显然影响到其指导的燕大社会学系学生的认知和写作。

张南滨（1934）对中国民俗学运动梳理的开篇虽是从 Folklore 说起，但很快就提到 Folk group（民俗团体）和 Folk Society（民俗社会）。她认为，在历史与文学之间游弋的中国民俗学运动，忽略了"民俗学的本身价值"和"民众方面的题材"（张南滨，1934：1、53）。也即，张南滨意识到了民俗学社会科学化的必要性和民众这一民俗文化主体性的问题。

虽然都是基于方志等文献材料，与费孝通（1934）亲迎婚俗研究更偏重文献资料的释读不同，陈怀桢（1934）在其婚丧风俗的研究中，目的明确地对古语"风俗"进行了孙末楠式的社会学释义。陈怀桢写道；

> 腊丁文，风俗为 mores，乃祖先之成例之意。德文作 sit-ten，乃群众之习惯之意。英文 custom 一字，涵义有二：一曰习惯（a habitual or usual practice），二曰法律（law）。综上而观，风俗者群众之习惯也。若人类行为受风俗之指使，则毫无自由意志之可言，所谓不知其所以然而然之者是也。然则

风俗与习惯何异？应之曰：习惯乃个人所私有，而风俗则及于全社会，故曰风俗者群众之习惯也。（1934：75）

与此相类，孙末楠学说同样是邱雪峩界定"礼俗"的基础。邱雪峩写道："礼俗之功用在于注重个人之制裁，社会国家之规范，无论个人之行为，社会之秩序，国家之施政，宗教之典仪，无一不本于礼俗。礼俗是包括日常所需要的物件，人与物、人与人、人与超自然等关系的节文，又包括制度与态度。"（1935：1）孙末楠民俗学说中的我群、他群、我群中心（ethnocentrism）、勉强（抵牾）合作（antagonistic cooperation）等关键词，也是陈礼颂描述、分析其家乡宗族和民俗的基本概念（陈礼颂，1935：3—4、10）。

除黄迪之外，孙末楠学说同样影响到"吴门四犬"中的其他三位。*Folkways* 一书是林耀华义序宗族研究的参考文献（2000：219）。虽然没有像黄迪那样专攻孙末楠学说，但瞿同祖对孙末楠学说的体味显然胜于林耀华。1934年，瞿同祖把孙末楠对 *Folkways* 的民风、德型和制度的三分演绎为了在他看来更符合中国实情与文献的俗、礼、法三类（瞿同祖，1934a），对进展有年的现代中国民俗学运动的元概念"民俗"首次进行了系统的社会学释读。

瞿同祖界定的俗、礼大致与孙末楠的民风、德型相对应。在瞿同祖看来，孙末楠认为产生了欲望的饥饿、性爱、虚荣、恐惧四种人类行为的动机未超越中国人的"食色"范畴。包括风气、时尚和嗜好在内的社会的习惯，即风俗。无意识的形成、群体性、传承性和与生存环境紧密相关，是风俗的基本特征。随后，他借用孙末楠关于德型的界定定义礼。即，礼是加以哲学的伦理的观念，认为与社会的福利有关的风俗，是一社会用以满足人类的需要及欲望并且有着信仰、概念、规律及标准的行为法则。在将孙末楠的四种欲望和中国的嘉、吉、宾、军、凶五礼进行对应的同时，瞿同祖也强调中国的礼常经儒生士大夫行之于文字，作为文化的礼需要有意识学习等有别于孙末楠德型的特征。

在谈及他后来用力颇多的法（law）时，除援引孙末楠的相关论述之外，梅因（Henry Sumner Maine）的"法理社会"也成为瞿同祖重要的参照点。为此，瞿同祖定义了与法理社会相对的"习惯社会"："讲俗讲礼是习惯社会将传统的文化堪称神圣一般，不会加以怀疑，或批评，一代一代地只照着老的法子去思想去做事。所以是不变的，无进化的社会。"他强调，同为文化的一部分的法，衍生于礼、狭于礼、不违于礼，还反向维持礼俗道德，即"律从礼生，律实维礼"。

上述这些探讨，尤其是将风气、时尚和嗜好归在俗的范畴，引起了以民俗学为志业的黄石与瞿同祖的商榷（黄华节，1934；瞿同祖，1934b）。十年后在谈及礼与中国社会的分化时，瞿同祖再次参引了孙末楠的德型："孙末楠（W. G. Sumner）于 *Folkways* 一书中谓 Mores 不仅为正确合理者，且经哲理之判断，认为与社会幸福有关，先儒论理之重要亦类乎此。"（1944：21）显然，瞿同祖后来对中国法律与社会的杰出研究，与他对风俗、民俗的熟悉和深研不无关系。

其实，费孝通在二十世纪前半叶的成功，也与其学问立足于乡土和对民俗的重视紧密相关。或者是旁观者清的缘故，欧达伟（R. David Arkush）敏锐地捕捉到民俗对于费孝通的重要性，诸如："他对解释风俗比报道中国及其他地方的社会现实更感兴趣。……费孝通从满足社会需要的角度解释一个风俗跟着一个风俗。……

他相信，正确地了解风俗和制度的功能，就有可能引进适应现在环境的新文化成份，使社会变迁少受痛苦，他即为此而献身。"（大卫·阿古什，2006：38、39、44）在《乡土中国》中，费孝通也曾借孙末楠 *Folkways* 来解释欲望（1948：94）。在晚年回顾其民族研究经历和思考时，费孝通将史禄国（С. М. Широкогорова）强调民族形成的历史过程的 Ethnos 和孙末楠的 Ethos（民族性）相提并论，指出二者是其关于民族认知的基本的理论支撑（费孝通，1999a：103—104）。只不过，他将孙末楠基于民风、德型和制度而一体化的民族性划归到了社会静力学的范畴。

尤其值得注意的是，基本延续了吴文藻在 1930 年代对 Folklore 的低阶定位，费孝通晚年仍将民俗学限定为民间文学。他考究了 Folklore 这一外来语简明的词源学，并强调"如果直译，Folklore 用'民间传说'比较接近"（费孝通，1986：1）。由此，费孝通宣称民俗学应该是研究"不用文字来表达的口头文学"的学科，如果以风俗习惯作为民俗学的研究对象，那么民俗学与社会人类学就合二为一了（费孝通，1986：2、3）。在二十世纪九十年代初，费孝通主导成立的"北京大学人类学与民俗研究中心"之"民俗"所指为何，就不言自明了。

四

无论是对于燕大社会学还是后来命名的燕京学派，吴文藻都具有不言而喻的重要性。作为燕大社区研究的重要倡导者，深受派克和布朗影响的吴文藻，1935 年刊发了《现代社区实地研究的意义和功用》《西方社区研究的近今趋势》两篇文章，介绍并鼓吹用局内观察法、比较法，进行始于实地研究和终于实地研究的社区研究。旋即，他将两文合并，新增了"中国社区研究的西洋影响与国内近状"及"结论"，以"社区的意义与社区研究的近今趋势"为题于次年刊发（吴文藻，1936a）。随后，他又发表了具有指针意义的《中国社区研究计划的商榷》一文（吴文藻，1936b）。

1935 年，在燕大讲学的布朗将对中国乡村生活的调查分为社会调查（social survey）和社会学调查（sociological survey）两种。社会调查，是"某一人群社会生活的闻见的收集"；社会学调查，"要依据某一部分事实的考察，来证验一套社会学理论或'使用的假设'"（拉德克里夫-布朗，1936：79）。吴文藻（1936b）沿用了布朗对调查的二分。他将偏重静态社会事实叙述的社会调查，比为"社区的照相"，将注意历程和趋势描写并说明、解释的社区研究，比作"社区的活动电影"。

然而，社区之所以成为燕大社会学的一种方法甚至方法论，则是燕大师生群策群力的结果。大致同期，赵承信（1936；1937）直接将布朗所言社会学调查等同于社区研究，并比吴文藻更为全面、细致地清理了社会调查与社区研究的缘起、演进与优劣，强调社区研究对于社会学建设的重要意义，更加明确地强调要对方法进行试验，旗帜鲜明地将燕大社会学系的清河这一乡建试验区改为平郊村这一"研究实验室"。

因应艰难时局，由赵承信主导，也不得不就近选择且作为一个村落社区样本的平郊村的研究，不但与乡建并重，还以理论的检讨为主。其最终的目的，是"装备一个社会学实验室：借此可以了解社区生活的实况，并可作方法论上研究活动的实验"（燕京大学法学院编，1948：239）。社会学的实验室，又包括研究活动的实验和"村社区"生活的实验两层含义。前者重在研究者一方，是研究者和村民的互动；后者主要在研究对象，村民一方，是村民之间的互动（赵承信，1948：109—110）。

这使得平郊村实验室的目的有三：其一，方法的试验；其二，给学生实习的机会，理论与实践相结合；其三，材料的搜集，为与中国其他乡村以及世界乡村比较研究奠定基础（赵承信，1948：109—110）。"方法的试验"就是将都市社区研究方法和初民社区的研究方法应用到中国农村社区研究。于是，对研究者自己下乡的详细记录和对研究者与被研究者言行互动的记录，都是方法论的题材。试验研究法就是"在控制研究者自己的活动"，记录活动则是"为控制试验的初步工作"（赵承信，1948：110）。这些理念也真正贯彻落实到李慰祖《四大门》、陈永龄《平郊村的庙宇宗教》、虞权《平郊村的住宅设备与家庭生活》和邢炳南《平郊村之农具》等燕大社会学系的毕业论文之中（岳永逸，2018；2019）。

把"社区"与人文区位学的 community 对译，黄迪扮演了关键角色。孙本文（1930：5）曾将 community 译作"区域社会"。高君哲、李安宅等（1931：29）将之译作"社群、人群、地方社会"。与此不同，1933 年，燕大社会学会同仁将 community 译为"社区"（燕京大学社会学会编，1933：309）。稍后，就为何将community 译作"社区"，黄迪进行了详细解释。他指出，在派克的社会学中，作为与强调"共益"和"契洽"的 society（社会）相对的概念，community 是各独立活动的个人所组成，为生存竞争与奋斗，以力之所及而互相利用，且含有空间及地理的意义。换言之，community 中的人有一定的住所，且须在地方经济组织中有一定的职业，强调的是"共生"。所以，在翻译时，一定要用一个含有地域之意涵，并包含人类集合生活的方式之意的中文语词。显然，用"社区"来指涉"人类谋集合生活的区域"最为合适，而研究这些在社区的各个人在空间配置及变动的学问，即人文区位学（兆临，1934）。①

为呼应吴文藻的社区社会学，黄迪很快撰写了《论阶级及中国社会阶级研究》（黄兆临，1936b）一文，细化吴文藻的《中国社区研究计划的商榷》。两年后，黄迪执笔写完清河试验区的报告，与赵承信一道夯实了"村镇社区"（village-town community）这个学术概念（黄迪，1938；赵承信，1938）。在平郊村作为社会学实验室正式启动的 1939 年，结合清河试验区和平郊村的事实与学术实践，黄迪（1939）再次从定义、层级、特性诸方面诠释社区这一概念，这即《社区与家村镇》一文。

在该文中，黄迪指出，通常所谓的团体（group）是因某种特殊兴趣而发生的社会关系，但是社区必须含有整套人类的兴趣，是一组完形的社会关系，完整、全能、独立而自足。血缘连接的

---

① 派克的 Community 有着滕尼斯（Ferdinand Tönnise）"共同体（Gemeinschaft）"的影响，但明显又有着不同，诸如黄迪敏锐意识到的派克对 community 空间意涵的强调。关于滕尼斯"共同体"的意涵与演进，方维规（2021：251—280）有着详尽的梳理。还要指明的是，在 1948 年题为"二十年来之中国社区研究"的演讲中，费孝通在开篇声言"社区"之译法是他想到的："最初 community 这个字介绍到中国来的时候，那时的翻法是用'地方社会'，而不是'社区'。……那时，我还在燕京大学读书，大家谈到如何找一个贴切的翻法，偶然间，我就想到了'社区'这么两个字样。后来大家采用了，慢慢流行。这是'社区'一词之来由。"（费孝通，1999b：530）。在当下丁元竹（2020）等人的研究中，费孝通的说法成为立论的基础，也是定论。

家族和氏族具有相当的社区性。因此，家，Rural Homestead，绝非大都市中的小家庭，是最小型的社区。家之外，家际核心是村落，village，这形成了村社区，渐次是镇（town）社区和市（city）社区。进而，黄迪强调不同层级的社区之间的连带性，即家社区和村社区合组成更完整的村家社区、比镇社区更完整的是镇村家社区、比市社区更完备的市镇村家社区。最终，黄迪总结道：其一，社区是人类交互与共同生活扩大及向心的结果；其二，家、村、镇、市本身既各自成为社区，相互之间又组合成各种联合社区，即高一级社区涵括低一级社区；其三，联合社区中的各社区，可分为中心社区和周围社区，低级联合社区内的中心社区同时也是高级联合社区的周围社区；其四，各级中心社区服务的复杂性从低到高递增。

显然，黄迪已经突破了当时国内外同行对中国社会定位在初民社区和都市社区之间的农村社区的群体认知，而注意到乡土中国社会架构的绵密性和正反、上下互动的交互性。也正是有如此深入的思考，由他和赵承信、杨堃一道主导的平郊村系列研究，才明显有别于吴文藻和费孝通先后主政的魁阁系列研究。作为社会学实验室，平郊村的系列研究不但有着重在凸显"社员"[①]生活常相的厚重、风貌和韵味，而且在研究时空单元上，立足却又不限于平郊村这个村社区，从而使其研究有了认知同期也是处于过程中的中国乡村以及城市日常生产生活、人们微观情感世界与心性的典型性和普遍性。

---

① "社员"（soius）是季亭史社会学的基本研究单位。它强调人在本质上不仅是一个个人，而且是一个同人、同志，一个伴侣群中的伴侣，即是建立在生物基础之上的社会化动物（吴文藻，1933a：10；黄兆临，1936b）。

五

孙末楠关于民俗的认知论，同样深深渗透到黄迪关于文化的认知当中。在谈及文化这个社会科学的关键词时，黄迪有言："个人和群体不仅是文化的创造者，并且是文化的应用者，保守者，传递者，和改造者。"（黄兆临，1936a：7）在文化的内容上，根据是否可以触摸为标准，黄迪辨析出了孙末楠民俗学说中的物质文化（Material culture）和非物质文化（Non-material culture）两种类型。非物质文化多属民风、德型和制度，而且是社会演进的最大动因，或者说文化势力（黄迪，1936b；黄兆临，1936a：12）。同时，他也强调，尽管更多体现在社会行为层面的非物质文化确实与心理有着紧密的关联，但研究方式还是有着明显的差别，至少研究文化不用像研究心理那样必经"生物遗传的河道"。因此，对马林诺夫斯基偏重心理的文化功能论，黄迪表现出保守的认同（黄兆临，1937b）。

因为深受孙末楠民俗学说的影响，黄迪将人文区位学、比较社会学等不同学说的共同点归结到了文化，并发现二者有相互借鉴而合流的趋势。诸如：受文化人类学初民研究的影响，人文区位学开始关注文化在一个社区的空间分布——区位和在一个社区的时间分布——时位。对于文化时位的研究，黄迪强调虽然与一个社区文化的历史背景及过程有关，但更主要是研究一个社区内"随着物事在时间上所表现的更迭循环而产生的'生活节奏'（The rhythms of life）"。进而，在赞赏黄石关于节期系列研究的同时，黄迪（1937a）倡导应该像瑞德斐（Robert Redfield）研究玛雅村庄

（*Chan Kom, A Maya Village*）那样，将从生到死的人生仪礼纳入
文化时位研究的范畴，因为个体生命的循环既是生命节奏，也是
文化节奏和生活节奏。

受本尼迪克特《文化模式》（*Patterns of Culture*）影响，李安
宅创造性地使用了"文化人""文化区"等概念（任责，1939）。
与此不同，在评述《文化模式》和爱尔华（C. A. Ellwood）《作为
社会生活基础的文化》（"Culture as An Elementary Social Life"）等
著述的基础之上，黄迪（1936a）明确提出了更便于操作和把握的
"文化重心"（The core of culture）这一概念。对黄迪而言，学界盛
行的物质文化、非物质文化、文化特质、文化丛、文化模式、民
风、制度、仪式、结构、功能、适应、态度、价值、传播和发明
等，都是文化研究的不同表现，而且过去对民族性、民族灵魂、时
代精神、文化特征、文化阶段、社区类型等的讨论都是"以文化重
心为中心"的，因此希望该概念能成为一个方便的实地研究的工
具（黄迪，1936a : 511、513）。黄迪强调，与中心不同，"重心"
（core）含"主要或重要部分"（The Preponderant Parts）之意，故
而文化重心，是一个文化中占有优势、强有力的主要特质和贯穿一
个文化各部分的线索、枢纽，它影响、决定该文化其他部分，并使
这些部分围绕它形成该文化的整体（黄迪，1936a : 511、512）。

异曲同工，在回顾义序的宗族研究时，林耀华也使用了表明
文化之关键的"文化重心"这一概念："这文化重心的意义，就
是在一个文化配搭中，一定有几点特别重要，这几点在社会结构
上是最基本的，是最主脑的，是最有力的；这几点又是连接文化
各部分的枢纽，居于关键的位置；所以我们也可称之为文化的关
键。"（1936 : 140）两年后，吴文藻（1938 : 243—244）也使用了

"文化重心"一词，其意涵与黄迪、林耀华相近，指一个社区所倚重的"文化本位"。吴文藻强调，功能的任何一方面或多方面都可以是一个社区的文化重心。这样，社区不同，就应该以其文化重心为出发点来观察和书写。诸如以巫术宗教为重心的社区，其意识形态偏于精神方面，以礼俗道德为重心的社区，其意识形态偏于社会方面，以知识技术为重心的社区，其意识形态偏于物质方面。

六

不容否认，无论是冠之以风俗，还是礼俗，对孙末楠民俗学说吐故纳新并吸收社区论、功能论的燕大本土化社会学，虽然有着民俗学基底并与民俗学缠绕前行，但始终是以社会学为旨归，即认知社会、乡村/乡土、农民、传统、民族，并为之服务，至少是改良礼俗。在燕大社会学系师生中，黄迪完全是将孙末楠 *Folkways* 视为社会学经典，并用社会结构、动因、历程、秩序和变迁的社会学架构进行再诠释，将之统称为孙末楠的社会观。除硕士论文之外，黄迪（1936b，1936c，1937b）后来还专门刊文再论孙末楠学说中的这些核心问题。而无论是社区论的本土化、功能论的落地，还是文化重心的提出，在高手如云并相互砥砺的燕大社会学系，黄迪显然举足轻重。

最后，值得一提 1937 年费孝通与黄迪在 2 月 12 日、3 月 10 日关于理论和实地研究的通讯（费孝通、黄迪，1937）。在 2 月 12 日的信中，费孝通坦言他之所以"不想做什么理论，而完全限于叙述"，是因为他觉得"材料还不够比较"，因此慢作概论（理论）"是一种谨慎的办法"。在 3 月 10 日的回信中，黄迪一如既往地强调理论对实地研究的重要性，而且回信的主体谈的是理论的"理论问题"，即影响社会学理论的涵括认识论（Epistemology）和逻辑（Logic）的哲学——他所理解的同在燕大任教的前辈张东荪的"多元认知论"。在信的最后，对费孝通来信中关于理论是对一件东西的看法、问题的方法与范围、不加讨论而假定的前提、对一个现象没有证实的猜想（臆说）和猜想所据的已有的经验这五点，黄迪逐一进行了否定，希望费孝通能就实地研究所需的理论继续进行讨论。

如果说黄迪长于思辨，偏重理论的探究，那么费孝通则更善于实地经验的叙写。在燕大社会学阵营中，理论研究和经验研究这两种取向都不乏干将。如果说林耀华的学术取径与费孝通更相投，那么黄迪则与李安宅是同类。李安宅就喜欢和张东荪讨论哲学，且多有唱和（岳永逸，2021d）。如同费孝通、林耀华等一样，在相当意义上，与燕大社会学有着深度关联的黄迪、瞿同祖、李安宅、赵承信以及黄石等，其各自的学术生命历程都可以视为燕大社会学本土化历程或者说燕大本土化社会学的缩影。正所谓百花盛开，春满燕园！

然而，世事难料。黄石骤然隐匿人世，赵承信不幸壮年病逝，李安宅后半生偏居西南、寂寥无闻。"吴门四犬"中，黄迪早早去国并远离学界，高寿的瞿同祖的研究则一贯偏重古史与法律。反之，对今人而言，费孝通、林耀华的著述不但处处洋溢着理论，还是当下中国社会（人类）学的核心竞争力与理论生长点，被反复诠释。

参考文献

陈怀桢，1934，《中国婚丧风俗之分析》，北平：燕京大学文学院社会学系学士毕业论文。

陈礼颂，1935，《一个潮州村落社区的宗族研究》，北平：燕京大学法学院社会学系学士毕业论文。

大卫·阿古什，2006，《费孝通传》，董天民译，郑州：河南人民出版社。

丁元竹，2020，《中文"社区"的由来与发展及其启示：纪念费孝通先生诞辰 110 周年》，《民族研究》（4）：20—29。

方维规，2021，《历史的概念向量》，北京：生活·读书·新知三联书店。

费孝通，1934，《亲迎婚俗之研究》，《社会学界》第八卷，第 155—186 页。

—— 1948，《乡土中国》，上海：观察社。

—— 1986，《谈谈民俗学》，见张紫晨编，《民俗学讲演集》，第 1—9 页，北京：书目文献出版社。

—— 1999a，《费孝通文集 第 14 卷》，北京：群言出版社。

—— 1999b，《费孝通文集 第 5 卷》，北京：群言出版社。

费孝通译，1933，《社会学家派克教授论中国》，《再生》第二卷第一期，第 1—10 页。

费孝通、黄迪，1937，《理论与实地社会研究》，《天津益世报》3 月 17 日第十二版。

高丙中，1994，《民俗文化与民俗生活》，北京：中国社会科学出版社。

高君哲、李安宅、张光禄、万树庸、吴榆珍、张世文、于恩德合编，1931，《英汉对照袖珍社会学辞汇》（*An Anglo-Chinese Glossary of Sociological Terms*），北平：友联社。

黄迪，1933，《派克与孙末楠》，见燕京大学社会学会编，《派克社会学论文集》，第 227—238 页，北平：燕京大学社会学会。

—— 1934，《孙末楠的社会学》，北平：燕京大学研究院社会学系硕士毕业论文。

—— 1936a，《论"文化的重心"》，《社会研究》第一二七期，第 511—517 页。

—— 1936b，《孙末楠论社会动因》，《天津益世报》12 月 23 日第十二版。

—— 1936c，《孙末楠论社会结构》，《天津益世报》12 月 2 日第十二版。

—— 1937a,《文化生活的空间与时间》,《天津益世报》5月26日第十二版。

—— 1937b,《社会历程、社会产物,与社会变迁》,《天津益世报》7月14、21日第十二版。

—— 1938,《清河村镇社区:一个初步研究报告》,《社会学界》第十卷,第359—420页。

—— 1939,《社区与家村镇》,《燕京新闻》11月4日第九版。

黄华节,1934,《民俗社会学的三分法与四分法:论风俗礼制四者的关系》,《社会研究》第五十二期,第5—10页;第五十三期,第18—19页

黄兆临,1936a,《文化之范围、内容与性质》,《新民月刊》二卷二期,第5—25页。

—— 1936b,《论阶级及中国社会阶级研究》,《天津益世报》8月5、12、19日第十二版

—— 1937a,《比较社会学的别径》,《天津益世报》1月27日第十二版、2月3日第十二版

—— 1937b,《文化与心理》,《天津益世报》4月14日第十二版。

拉得克里夫-布朗,1936,《对于中国乡村生活社会学调查的建议》,吴文藻编译,《社会学界》第九卷,第79—88页。

李安宅,1931,《仪礼与礼记之社会学的研究》,上海:商务印书馆。

林耀华,1936,《从人类学的观点考察中国宗族乡村》,《社会学界》第九卷,第125—142页。

—— 1999,《林耀华学述》,杭州:浙江人民出版社。

—— 2000,《义序的宗族研究》,北京:生活·读书·新知三联书店。

—— 2011,《在大学与田野间》,北京:北京大学出版社。

派克,1932,《撒木讷氏社会观》,《社会学界》第六卷,第3—9页。

—— 1933,《论社会之性质与社会之概念》,见燕京大学社会学会编,《派克社会学论文集》,第53—65页,北平:燕京大学社会学会。

邱雪莪,1935,《一个村落社区产育礼俗的研究》,北平:燕京大学法学院社会学系学士毕业论文。

瞿同祖,1934a,《俗、礼、法三者的关系》,《北平晨报》4月25日、5月2日、5月16日第十三张。

—— 1934b,《论风与俗制与法的同异问题》,《社会研究》第五十五期,

第 32—35 页。

—— 1944，《礼与社会分化》，《自由论坛》第二卷第一期，第 20—24 页。

任责，1939，《什么叫作文化？怎样研究文化？》，《新西北半月刊》第二卷第一期，第 14—17 页。

孙本文，1927，《社会学上之文化论》，北京：朴社。

—— 1929，《孙末楠的学说及其对于社会学的贡献》，《社会学刊》第一卷第一期，第 1—19 页。

—— 1930，《社会学名词汉译商榷》，《社会学刊》第一卷第三期，第 1—18 页。

吴景超，1929，《孙末楠传》，《社会学刊》第一卷第一期，第 1—21 页。

—— 1934，《孙末楠的治学方法》，《独立评论》第一二〇号，第 14—17 页。

吴文藻，1933a，《季亭史的社会学学说》，《社会学刊》第四卷第一期，第 1—40 页。

—— 1933b，《导言》，见燕京大学社会学会编，《派克社会学论文集》，第 1—14 页，北平：燕京大学社会学会。

—— 1936a，《社区的意义与社区研究的近今趋势》，《社会学刊》第五卷第一期，第 7—20 页。

—— 1936b，《中国社区研究计划的商榷》，《社会学刊》第五卷第二期，第 55—65 页。

—— 1938，《文化表格说明》，《社会学界》第十卷，第 207—248 页。

许仕廉，1929，《建设时期中教授社会学的方针及步骤》，《社会学界》第三卷，第 175—181 页。

燕京大学法学院编，1948，《社会科学各系工作报告·社会学系》，《燕京社会科学》第一卷，第 233—246 页。

燕京大学社会学会编，1933，《派克社会学论文集》，北平：燕京大学社会学会。

杨燕、孙邦华，2015，《许仕廉对燕京大学社会学中国化的推进》，《北京社会科学》（10）：68—75。

游嘉德，1929，《孙末楠与恺莱的社会学》，《社会学刊》第一卷第一期，第 1—11 页。

岳永逸，2018，《庙宇宗教、四大门与王奶奶：功能论视角下的燕大乡土宗教研究》，《世界宗教研究》（1）：44—60。

—— 2019，《器具与房舍：中国民具学探微》，《民族艺术》（4）：28—42。

—— 2021a，《为了忘"缺"的记忆：社会学的民俗学》，《读书》（6）：30—39。

—— 2021b，《实地厚生：李安宅的文化社会学》，《广西民族大学学报（哲学社会科学版）》（2）：19—27。

—— 2021c，《社会学的民俗学：黄石 20 世纪 30 年代的民俗学研究》，《社会学评论》（3）：101—119。

—— 2021d，《魔障与通胀：李安宅的意义学》，《学海》（2）：21—30。

张南滨，1934，《中国民俗学研究的发展》，北平：燕京大学文学院社会学系学士毕业论文。

赵承信，1936，《社会调查与社区研究》，《社会学界》第九卷，第 151—205 页。

—— 1937，《社区研究与社会学之建设》，《社会学刊》第五卷第三期，第 13—20 页。

—— 1938，《写在报告之后》，《社会学界》第十卷，第 420—422 页。

—— 1948，《平郊村研究的进程》，《燕京社会科学》第一卷，第 107—116 页。

兆临，1934，《关于社会学名词的翻译》，《北平晨报》4 月 11 日第十一张。

钟敬文主编，1998，《民俗学概论》，上海：上海民间文艺出版社。

Hodous, Lewis. 1929, *Folkways in China*, London: Arthur Probsthain.

Sumner, W. G. 1906, *Folkways: A Study of the Sociological Importance of Usages, Manners, Customs, Mores, and Morals*, Boston: Ginn and Co.

目　　录

i

第一篇　生平与著述

孙末楠威廉格拉罕（William Graham Sumner）是在一八四〇年十月三十日，生于美国东部，纽拆尔西（New Jersey）、巴得孙（Paterson）地方。他的父亲和母亲，本都是英国郎卡邑（Lancashire）工业区的居民，两家的祖先都是属于手工业工人和小农阶级。父亲汤姆斯（Thomas Sumner）原操铁匠生涯，因在故乡感受工业革命所造成的不良经济状况的压迫，便于一八三六年（当时只二十八岁），跟着一般移民，渡过大西洋的西岸来，一搏未来的命运。母亲撒娜（Sarah Graham）比汤姆斯早十一年（一八二五），即同她的父母来到美国，也是在纽拆尔西落户，后来才与汤姆斯发生婚姻关系。关于这两家先人的性格，除了知道他们大多数都是刚毅、勤俭、奋发、自求的以外，别的则知道得很少。

　　威廉出世之后，汤姆斯因尚不以在纽拆尔西的生活为满意，曾一度携妻带子，离开美国东部，到中西部去，希望找到一处更可以安身立命的乐土，那知结果发见在西部生活和教育子女，还不如在东部，由是经数年的迁徙之后，他又携眷回到东部来，先在新天（New Haven）住居一时，最后才安居在哈得富尔（Hartford）地方。在这西迁期中，家庭中又多添了二个小孩，一个男的，一个女的。

　　回到东部之后，汤姆斯便在铁路中当一修理机轮的员工；每月所入，不满百元。当然在这样的一个工人家庭中，勤苦、节俭和自制是不可免的事，所以孙末楠自幼即深切的遭尝贫贱困苦的滋味。八岁时，慈爱的母亲又因病弃世，这使孙末楠的童年时期更添增无穷的暗淡。

因为三个幼儿无人抚养，汤姆斯于撒娜死后数月，即行续妻。这位继母性甚严厉，善于治家。往往因她的严紧和搏节，在孙末楠兄弟则颇觉其苛刻，甚至于怀恨。但幸奈她的这种能干，家庭经济始不至于发生问题，而孙末楠之能得机会受大学高深教育，一半也是她的功劳。孙末楠晚年每论及此事，一面好笑自己儿时的稚气，一面仍深深的感激她的厚赐。

在嫁后十一年，这位继母又一病而终，不留下一个亲生儿女。不久之后汤姆斯又再续弦。这第二个继母曾生下一男一女。她性情温和，较像孙末楠自己的母亲，孙末楠对之，感情亦特佳；父亲死后，他便把她接到家里来奉养。汤姆斯老景很悲凉，不但目盲、耳聋、足跛，并且在经济上亦大受损失。他是死于一八八一年。

孙末楠在家庭中，与其弟妹们的性格都不相同。他自己居长，性格亦最与他的父亲相近。汤姆斯是一个严紧、勤俭、耐劳、简朴、诚实、少言、自重的一个工人。他平素嫉恶如仇，绝不愿与卑鄙的人为伍。孙末楠幼时常听见他的父亲，在一天劳苦的工作完后，与同辈高谈阔论政治、资本、工资和工人生活等大问题，他所表示的意见多是根据从英国朗卡邑工业区所带来的自由贸易和放任主义的思想。孙末楠在自传中曾特别提及：他早年因受别人著作的影响，很不以他的父亲的意见为然，后来却深信其为真理。无疑的，孙末楠一生硬性的性格，恐怕一大半就是由这种家庭背景中模塑出来的。

孙末楠所进的中学是本地哈得富尔公立学校。因为中间他曾一度辍学，在织品公司中极不痛快的工作了两年，所以在中学毕业时，差不多已十九岁。在中学时代他幸遇到两位极精明能干的先生，他们的人格和教授法所给他的印象和影响，使他一生不能忘记。在这时期中他又结识了一个在本地很出名的牧师。这位牧师既为学者，又是干才，为人仁爱热情，与孙末楠由赏识而进为朋友和导师关系。据说他是对于孙末楠的前途和事业，最有影响的一个人。他坚强了孙末楠的向上的意志；使他自信只要肯卖力付偿代价，绝不怕无成就；使他领悟到世间绝无所谓侥幸的捷径；他不但鼓励他将中学的学业结束后，升入大学，并且又劝他也以牧师为终身的事业。

孙末楠于中学毕业后，即进耶鲁大学。他在学校中只顾用功，很少运动。态度是那样天生的严肃，成熟超过他的年龄，骨髓中蕴蓄着很坚强的道德和宗教的信念，除了追求知识外，好像再无别种的野心。同学中亲挚的朋友虽然很少，但凡知道他的师友，无不佩服他的才学，尤其为几个较为亲近，而能够在他那冰冷而坚硬的外壳下，见到他的热烈心肠和其他优美品质的朋友所敬爱、所属望。作文和演说是他的特长。好几次参加辩论会，而获到胜利。在一篇题为"作文"的论文中，既开始对文章的浅薄性，表示不能忍耐，并且自己提出一条作文的规则，说是："写作的第一条规则是：一个人不要有所写作，除非他实在觉得有思想应该表示，并且自信其表示得将比别人过去所以做的都好。"这就可见他做事的认真和严紧的程度。

一八六三年夏天耶鲁大学举行毕业式的时候，孙末楠已在赴欧留学的海上了。此次他的留学计划能够实现，全赖一位好友的接济。在一八六三年到一八六四年之间，他在日内瓦过冬，不进正式学校，只跟着私人教师，专读法文和希伯来文，有时亦听听关于教会历史和其他神学科目的演讲，一天到晚的念书，以散步为其唯一运动。

在日内瓦住了两月之后，他觉得那边实在没有什么可学，一心想去德国。但因为他此次赴欧留学的目的是想在神学方面求深造，以备将来回国去当牧师，并且因为德国人当时对宗教态度比较开通，是美国教会中人所视为不可接近的，所以孙末楠的父亲，那位牧师及其他朋友，一听见他要去德国，不是来信反对，就是来信警告。结果孙末楠的知识欲竟战胜了一切，由一位已在德国的同学的指导，于一八六四年四月，便离开日内瓦到德国的格丁根（Göttingen）去。格丁根的情形在他非常满意。他在那里，继续攻希伯来文，又读德文、历史——特别教会史，及神学，听罗慈（Lotge）讲论其哲学系统，并领教其他第一流学者的言论。他一面因用功过度，健康时有问题，一面又常忧虑他的经济情形，这样的整整苦学了两年。但这两年的收获，和对于其一生思想与事业的影响，据他自己后来观察，是非常之大的。

在德国人的影响之下，他的宗教信念虽没有根本动摇，然他对于圣经和神学已比较客观得多。许多年以后，他屡次的对人说：他非常佩服当年格丁根一般神学家的那种纯粹科学的精神和方法，他们教他唯真理是问的态度和归纳与分析的方法。这是他自认为在德国最大、最宝贵的心得，其他都是次的。

一八八六年四月，他离开德国，到英国牛津去，因为他要在回美之前，涉猎一下英国人的关于同样科目的文献。到了牛津之后，在神学方面他很失望，发现英国的东西原来都是第二手的。不过他觉得英国有它特别的学风，在同学的切磋中，倒可以得到许多学问。那时他对于政治学的爱好很深，但他并没受当时牛津学生"黑格儿热"的传染，只跟着大家讨论白珂耳（Burkle）的新学说。讨论结果大概各人都赞同白珂耳的意见，以为社会科学应为历史的归纳，不过对于如何理清那么繁杂的历史材料，以造成真正的归纳一问题，那时仍是不能解决。

一八六六年六月，因班友和朋辈的帮助，孙末楠被举为耶大母校的助教。此事孙末楠于事前并不知道，他本来是打算回去当牧师的。他在英国接到耶大校长的聘书时，觉得先做一时教员，可以多研究和认识一些本国实情，然后再定终身事业，亦甚得计，所以他就答应了，便于那年的夏天回到美国。他一共在耶大当了三年的助教，第一年教数学，第二三年教希腊文。他辞去助教职务的原因是：一来那时耶大各方面的情形都非常恶劣，二来助教地位本即无可留念。

孙末楠自回国之后，一面身在教育界服务，一面与教会方面，不断的有联络。一八六九年七月，因机会凑巧，他就到纽约去，充一个著名的牧师的助手，并任某教会月刊的编辑。他的恋爱生活也就是在这时开始的。这一年的工作他虽未必十分满意，却得到一个终身的侣伴——一个纽约商人的美貌的女儿。他的订婚消息传出之后，许多亲友都有点不信，因为大家在这个严肃冷淡的青年人身上，从未注意到其中所隐藏的爱情的种子。

一八七〇年九月，他正式开始当纽拆尔西某教区的牧师，整整过了两年谈经讲道的生活。在一八七一年四月，他便与这位爱力奥特（J. W. Eliott）女士结婚，成立了一个平淡而快乐的小家庭。此时他对于社会、政治、经济问题的兴趣，益形不可遏止。他对于这些问题的意见，常常在每星期两次的讲经中，流露出来，尤其对关税和币制二者特别注意。后来思想上许多重要的立脚点，都可于此时找到相当的痕迹。也就在这个时候他开始念斯宾塞（Herbert Spencer）的，先在杂志上发表，后集为《社会学导言》的那几篇论文。读后大为感动，以为斯宾塞的社会观、社会势力观，及社会科学观，替他解决了一大部分他自己多年在那里摸索而不能解决的问题。

这时候也正是耶鲁大学进行革新运动的当儿。革新运动的一支生力军是来自耶大校友，而孙末楠是校友中很活跃的一个。革新运动的结果之一，是新添了一门政治和社会科学讲座；该讲座主任一职推选的结果，竟落在孙末楠的身上，虽然其中曾经过相当的竞争。孙末楠之愿意就此新职，而抛弃牧师生涯者，最大原因是，两年的经验告诉他牧师职业对他并不十分适合，使他觉得若献身于学术界，当有更大的成就，事实上他那时的兴趣已是大大的转变了。

所以于一八七二年九月，孙末楠第二次回到耶大来，开始他的教授生活；一直在耶大服务了三十七年，至一九〇九年九月才退老。在这三十七年中，他除了担任极繁重的课务和系务之外，又不断的充任几个重要的校务委员会的委员，是左右校政及教育方针的一个重要人物。从一八七三年到一八七六年，他在本地政治舞台上颇露头角，当选为新天市议会的上院议员。这样硬直的一个学者，官运自然是不曾亨通的，第二次选举，就没有他的份儿。他自己后来在自传中说："我若登上政治舞台，为害将比任何人都大，我是不懂那一套把戏的，其实我也不愿懂，不过这几年的经验对我是非常有益，使我知道怎样估量政治上的一般叫嚣。"无疑的，这几年的尝试最少为他消灭了许多外诱和野心，而专心于学术的工作。

但这说他无意于政治，却不是说他对一切社会实际事业和问题，都抱消极态度。他平日在课务、系务、校务，及自己著作和研究之外，还忙着到处演讲，积极而坚决的发表其对当时社会上所认为焦点的问题的意见。有时虽明知自己的见解和主张未必为人所欢迎，但始终是以大无畏的精神，一个人单独地奋斗。他因为反对保护关税政策，主张稳定币制，痛斥帝国主义和批评社会主义，也不知受人多少冷嘲热刺。美国左翼文坛作家辛克莱（Upton Sinclair）氏称之为"最资本主义的经济学家"和"贵族教育的帝国中的总揆"。

在这些工作之外，自一八八二年起，一直到死，他又不断的兼任康涅狄格省（Connecticut）教育部的一个要职，开会时每次都到，并且积极的作种种建议和实际工作。

教书是孙末楠的拿手好戏。他教书的天才不但使他誉满耶大，并且使美国几个大学的校长和教授都佩服倒地。他实是耶大的一颗明星。当时凡进耶大念书的，若没有选过一两门"老孙"的课，就难算为真正的耶大学生。三十几年中也不知经他训练过多少学生，如他自己所谓那种"不自觉的影响"，实更难估计。他的学生们常说他教书是兼三 M 而有之，这三 M 就是仪容（Manner）、材料（Material）和方法（Method）。他的端庄的姿态、坚锐的声音、刺人的目光、诚恳的态度、坚决的语气、明晰的解释，使每个学生不由得不信赖他。他信什么、讲什么、不犹豫、不含糊，并且告诉你他为什么这样相信。他教你做学问的诚实。他的材料丰富而充实，浅现而广阔。他是以切近实际的社会生活事实为教材，处处挑拨你的常识。他不但指明给你看他所知道、所了解的是什么，他所最注意的是打开你的心门，扫清你的思路，勾引你的兴

趣。所以，上他的功课的学生绝不会感到没味，有事宁可缺别人
的课，这位老先生的课可不能不上。

他把教书看作他最重要的职务，但这职务在他是乐事，并非
苦杯。他平常绝对不缺课；除了最后几年以外，他一向不用助教
帮他，看那每星期整千整百的考卷。无论怎样大班，在他手里，
都毫不感到困难。他在入门功课上所采用的，坚决而带点武断的
态度，一到比较高深的班上，便变成很谦虚，时常对学生表示自
己思想中许多疑难之点。他在一九○九年六月退老时，耶大始赐
他以博士荣誉学位，当举行毕业式的时候，因受数代学生的热烈
欢呼，他感动至流泪。

在这将近四十年的教授生活中，他与同事和学生们的关系，都
很和谐，绝对不想离开耶大。只有一次——一八七九年至一八八一
年——因为以斯宾塞的《社会学导言》为课本事，与校长及其他顽
固的学校当局，发生意见，几至辞职离校。此事的起因是：耶大教
会背景本甚浓厚，几个比较旧式头脑的当局，都是以斯宾塞为危险
人物，所以才有由校长出面干涉孙末楠采用斯宾塞著作为课本的事
发生。孙末楠对这件事自然是不肯丝毫让步，许多同事和朋友对他
都深表同情，并且不让他辞职他去，结果此事就渐渐平淡下去，不
过此次争执对于耶大的学术精神，大有影响。

孙末楠的身材很高；两目直刺有光，鼻高而直，手指瘦长；
一看他的身躯就知道是强劲有力。他的精神无时不清晰饱满，都
好像是在浴后一般。坚锐的声音，严肃的表情，雄伟的姿态，使
他的学生常说他看去如像一只"老狮"。他虽然很少大笑，却也绝
少愤怒。那种家庭的背景、个人的经验，自非产生他这种性格不
可。一直从早年起，他对于人生是抱着一贯的不苟且的态度。他

相信勤俭自制为人生无上的美德和幸福的泉源。他对于一切刻苦耐劳、安分守己、脚踏实地、冥心孤往、实事求是的精神和事业，都非常同情；同时对于一切轻浮、嚣张、虚伪、愚蠢、懒惰、浪费、懦弱，和卑鄙等的行为，都不能忍耐。他是极端的恶恶，也是极端的好善。他的外表虽是那样的冷淡，心里却是异样的热烈。

凡深知他的人无不知道，严厉原只是他的性格的一面，其余的一面是和蔼，是同情，是喜欢帮人家的忙。无论你为他做了一件怎样的小事，他总是非常客气的感谢你。你到他家里去，他会极殷勤的款待你，绝不使你难堪。他对于妻子是极端的眷念，对于用人是一样的温和。此外，无论在课室、宴会，或他种场合中，他时时也会表露他的幽默。他一生最喜欢小孩，晚年时尤其厉害。

至于他自己平日之勤于工作，及做事的谨慎，那是更足令人佩服。他平素除了从家里到学校的走路之外，简直没有其他运动，从来因健康不佳，听医生的劝告，买了一架自行车。他一天到晚长时间地工作着；星期日、七月四日、华盛顿诞日等，在他都不是放假。据他的书记说，每天下午把他所念过而要抄录下来的东西，抄好之后，第二天早晨走进打字室一看，总又是一大批待抄的书籍和杂志。只举一事就可见他的用功和能力。在中年时他即已精通希伯来文、希腊文、拉丁文、法文和德文；四十几岁以后，他尚感不足，同时或相继的又学荷兰文、西班牙文、葡萄牙文、意大利文、俄文、波兰文、瑞典文，及挪威文。所以他所知道的文字，总在十三四种之多。他有一次很费劲的埋头补习微积分学，为的是要知道数理经济学中到底有什么东西。

这样的拼命终于造成了一次健康上的总崩溃，他在五十多岁的时候，竟整整的养了两年的病；那次病后一直至死也不曾复元，据他自己说是只剩下了半条命。但他在顾虑自己的健康之外，对其夫人的多病，又不知曾勾起多少的忧愁。

孙末楠在这次大病以后，他就不教大学本科的经济科目，而把全副精力来专治社会学。这个转变虽然是他晚年在学术上的成功的最大关键，但这在他却是很自然的趋势。孙末楠的头脑自始至终是社会学的头脑。自留学时代、助教时代，以至牧师时代，他的趣味就不限于某一方面特殊的社会现象。他对于每一种社会现象，总喜欢看它与别的现象的关系，换言之，他所着眼的是社会的整个。他之不安于经济学，最大原因即在此。他对于政治经济发生兴趣，是当十三四岁时，在哈得富尔一个小图书馆中，偶尔念到一本马丁奴（Martineau）著的《经济学浅说》。以后又读胡克尔（Hooker）和威兰（Wayland）等人的著作。他自认他对于资本、劳动、货币、贸易等的见解，都是从这几个人的著作中得来的。他对于普通的社会科学的注意，在讨论白珂耳学说的时期中，已可见到其眉目。不过他对于社会学的真正剧烈兴趣，乃是自读斯宾塞的《社会学导言》始。斯宾塞指示他社会科学的领域、基础和途径，启发他关于社会界的法则和社会势力等的观念，使他对于社会学的重要和可能，不再有所顾虑。

孙末楠于一八七六年便开始在耶大开班讲授社会学，并以斯宾塞该名著为课本。这是孙末楠的一种荣誉，因为那是美国大学中最早的一门社会学功课，而他是美国教社会学的第一人。

但关于斯宾塞对他的影响，我们却不可虚张太甚。虽然他的社会观和社会政策，有一大部分与这位英国哲学家的思想，非常相似，但斯宾塞却毕竟是一个哲学家，他与我们的孙末楠的治学态度和方法，实相差很远。孙末楠原是一个科学家，他的为人和治学与其所崇拜的达尔文最相像。他在斯宾塞的著作中，唯一看得起的只有《社会学原理》一书，他常说："斯宾塞只在这本书中，才不得不稍为到事实中去。"所以，最少我们可以说，孙末楠虽有许多思想与斯宾塞相近，然而，恐怕一大部分都不是导源于他的。

对于孙末楠的社会观最有影响的一个人，便是烈伯特（Lippert）。这一点不但是孙末楠自己所默认，同时也是大家所公认的。烈伯特的比较民族学方法，"不测要素"（Aleatory Element）说、"人类文化的独立性"说、"经济为社会基本结构"说等，都是孙末楠的社会观中的台柱。甚至"民风"与"德型"两概念，在烈伯特的学说中都已具雏形，其他细微之点更是不胜枚举。

烈伯特以外，对于孙末楠思想有影响的，尚须包括赖仁虎夫（Ratzenhofer）、甘博老维（Gumplowicz）、涂尔干（Durkheim）、泰娄（Tylor）、罗拔（Lubbock）等诸人。不过这里应该连带的提到一点，就是：孙末楠平日对于建立系统的著作是很轻视的，他所注意的是事实直接的报告、描写，和研究。这并非因为他以为理论的工作不重要，乃是因为他觉得事实的研究，尚未到归纳出何种系统的时期。

在孙末楠抛弃经济而专力从事社会学以后，当时有许多人以为他在学术上的成就，已走到尽头，故为他可惜。那知这时期却便是走向更伟大的成就的开始。在他生命的最后二十几年中，他靠着十几种文字为其武器，征入了人类知识的一大领域。几使人不相信的，他竟会博览了那么多，各种各样的书籍和杂志等。他每见到了一种有用的材料，都极讲究、极谨慎的用大张的卡片，把它记录下来，并且把那些笔记卡片，都一一按着一种系统，分类起来。他死时曾留下五十几箱这种笔记卡片，每箱大约有三千张左右。这一切都证明孙末楠在这生命的后期中，并不曾因健康的损失，而减低其工作力量，这种成绩实更足以表示其过人的魄力和忍耐。他自己常常对人说："斯宾塞若搜集有如我楼上所藏的那么多笔记，他的《社会学原理》一定像样得多。"

从一八九九年起，他开始根据其十几年来，在社会学一课中所编成的讲义，及其从究研中所得的笔记材料，下笔写出一部《社会的科学》来。写了几年，写到"民风"那一章，结果觉得民风和德型等这些概念的重要，简直是整个社会的科学的基础或磐石，若把那二三十万字的一章，留在《社会的科学》一书里面，觉得有点不妥，所以就决定撇开其他工作，而先把那一章扩充整理出来，印成单行本问世。《民风论》一书就是这样的于一九〇七年诞生下来的。这书出版之后，孙末楠声誉日起，其在社会学界之地位亦因而奠定。同年他即被举为美国社会学会会长。这书的销路是与岁俱增的，出版后二十几年始达到最高峰，这就可见其所具的不朽的价值。他自己虽对该书大体觉得满意，却有时又对人表示：他对这书是地下的金矿，还是地下的窟窿一问题，自己还不敢肯定，只好留给别人去判断。

《民风论》的序言中最后一句话是："我的下一步工作便是完成我的社会学。"无奈生命的主宰不给他机会偿此大愿，特别是他要把他的社会学按着《民风论》的观点，从头重写。他在未死之前，早就知道《民风论》是他最后的一本书，由是把他的一切笔记和遗稿，都交给他的学生，同事兼学术继承者恺莱氏（A. G. Keller），让他继其遗志，完成那部《社会的科学》。恺莱花了将近二十年的工夫，最终于一九二七年，才把这久为社会学界所渴望的巨著，整理出来，成为四大册的《社会的科学》。全书大旨和组织，大概都是依照孙末楠的原意，虽然其中有许多重要的部分是恺莱个人的见解。

孙末楠一生著述，非常宏富，《民风论》与《社会的科学》二书，不过是纯粹的社会学性质的著作。他的著作目录（还不是十分完全的），一共包含二百五十余条目。其中除了纯粹社会学的以外，有一大部分是属于经济学和政治学的，并且有几本都是专书。尤其著名的是他早年写的那本题为《社会阶级的关系》的小册子。他在未转变为纯粹社会学家之前，还写了三部关于美国三个政治家的传记。他死后恺莱又在他的已发表和未发表的论文中，选出比较重要和精彩的，陆续编成四大册论文集。

关于孙末楠在美国社会学界的地位，这里亦似应一提。孙末楠治经济学二十年，结果正如哈佛陶释（Taussig）教授所批评：他的见解虽很透闻，然在经济上倒没有什么特殊的新贡献。但其最后二三十年在社会学上的努力，却曾放出非常的异彩。美国社会学向以芝加哥大学与哥伦比亚大学二者为中心。芝大方面除司马尔（A. W. Small）之外，其他领袖人物，如汤麦史（W. I. Thomas）、派克（Robert E. Park）、步济时（John Stewart Burgess）等，都是非常推崇孙末楠的；同时高据哥大社会学讲座几十年的季亭史①（F. H. Giddings）教授，也是极端佩服孙末楠的，他说孙末楠是最一贯的社会学家，并且是世界最伟大的社会学家之一。此外，眼光深刻的柯莱（Charles H. Cooley）教授，平素亦以孙末楠为美国社会学家中，最成功的一人。所以孙末楠在美国是大家所一致敬仰的一个人物，其地位之高超，自可想见。

一九〇九年的圣诞节那天，风雪大作，第二日便是孙末楠去

---

①　疑似与吉丁斯为同一人。作者将二者混用。——编辑注

纽约出席美国社会学会年会，并宣读会长演讲词的日期。那时他已是老弱得不堪，连呼吸都感觉困难，但他无论如何也要亲自前往出席。第二天他一早就动身去赶火车，那篇题为《宗教与德型》的论文早就预备好，放在衣袋里。那知火车尚未到纽约，他在车上就不能支持了，结果自然是不能到会，而病倒在半路的医院里。这消息传出后，大家都不约而同的说："啊啊，这原是孙末楠的本色！"

他这次病倒之后，又苟延了数月，终于在一九一○年四月十二日逝世。临终时他对他的媳妇说："我好像已踏进了黄泉路上。""但爱情是可以达到彼处的。"媳妇这样的安慰他。他听到这话，便接着说："我们是这样想的。"停了一刻又说："我们是这样希望的。"

本篇材料多根据以下各书籍及杂志论文：

1. Keller, A. G., "Sketch of William Graham Sumner". *The Popular Science Monthly*, Vol. XXXV, 1889. Reprinted in *The Challenge of Facts and Other Essays*.

2. Keller, A. G., "Introduction", in *War and Other Essays*.

3. Keller, A. G., "Reminiscense of Villiam Graham Sumner". New Haven: Yale University Press, 1933.

4. Keller, A. G., "The Discoverer of the Forgotten Man", *The American Mercury*, Vol. XXVII. No. 107. Nor. 1932.

5. Starr, H. E., *William Graham Sumner*, N. Y.: Henry Holt and Co., 1925.

6. Sumner, W. G., "Autobiographical Sketch of William Graham Sumner", in *Earth-Hunger and Other Essays*, pp. 3—5.

7. 吴景超，《孙末楠传》，《社会学刊》，第一卷，第一期，民国十八年，七月。

第二篇　社会观

小　引

　　派克说正当的观点是一切科学的必要条件，而孙末楠在《民风论》中所成就的也便是一个或为他自己所未曾觉察到的观点。（注一）诚然，《民风论》一书虽然不是一本有系统的著作，但凡认真读过这书的人，总不难在那凌乱的材料中感到其中所蕴藏着的一个深刻一贯的见地。这个见地或观点乃是他整个社会观的基础，所以我先把它简括的说在这里以作此篇的导引。

　　我们于下文中当可更明白的了解，孙末楠所看到的社会生活原来正如他所谓，是一种超机的结构或系统——包括民风、德型和制度等。它是社会生活的内容，也是社会生活的方法，用现在流行的概念来说，即等于所谓"人类行为的模式"；或再换辞言之，即所谓"社会秩序"。孙末楠便是从这个地方下手，作他的社会学的分析的，在晚年尤其专力于这一面。

　　在动的方面，这种超机的、属于另一范畴的现象，也有它的生长和朽腐，这一点却与有机体和其他变动无常的物质一样，不过这生长和朽腐——新陈代谢的过程，并非来无踪，去无跡，而老是出于一些很固定的方式和作用的。这些方式和作用便是我们所谓社会历程，也是孙末楠所见到的社会现象最重要之一面，虽然他本人未曾在这一面特别详细发挥。社会历程与社会秩序之关系好比一架机器的动作与其出产物品的关系一样。社会关系、社会生活之所以如此而不如彼者，即因被一套社会历程所限；所以若没有此后者，便不会有社会及种种社会形态。

但社会历程本身仍只是一种功能，在它们的背后实则还有许多原动力在那里生生不息的推动着。这原动力非他，即孙末楠从早年起所一直不放松的"社会力"。（注二）没有社会力不但社会秩序无从谈起，即社会历程也没法活动；所以它们是整个社会现象的动因，也是社会学所最后穷追到的对象。

整个系统是：某些社会动因推动了某一套社会历程，产生了某一种社会秩序。而这某一种社会秩序既形成之后，自己也一变而为最重要的社会力之一，强有力地支配社会生活。但新势力或许多势力的新凑合是不断的在那里推动着，推动的结果，使那已成的社会秩序又循着一套历程——社会力的运用方式，由动摇而崩溃，由崩溃而让位给另个新来的秩序，如此不断的推演下去。此即上面所谓超机体的生长和朽腐或新陈代谢。

在社会的结构方面，他所看到的社会是一种团体的团体——意谓在社会与个人之间，乃有种种大小不同、性质各异的团体，既非个人又非社会。虽则他也承认家庭这个团体也可算为一个小社会，因为它具备了一个社会最低限度的条件。据他所说的各种团体的性质而断，他所看到的团体可以分为以下三类：第一，为特殊兴趣而结合的"组织"；第二，以血缘地缘为基础的"团体"；第三，以社会价值为标准的"阶级"。这种形态下的社会结构本来也是社会动因和社会历程的产物，不过它既经建立之后，本身即变为社会活动的轨道或范围之一面。

以上几段所说就是孙末楠社会学观点的最简括的说法，也就是我所借以表现其学说内容的系统。这系统不是他给我们的，乃是我们按着他固有的思想内容，再按我们现在的眼光，重新把它织成的。他自己所拟的系统大体是像《社会的科学》中所表现的那样。这书的目的是在详细分析各种社会组织或制度，所以内容是照着社会组织而分的，同时又把许多极重要的基本概念都归到"发端"和"总论"等，不具体和非分析的标题之下去讨论，所以在我们看来那是不很完妥的，不是以明析他表现其主要的观点的。并且我们把他的材料这样排法，对其原来系统只有补充，而无冲突；只有更加开明，而无强为安排，这可让以下各章中所述的他的思想的内容去证明。

第一章 社会的结构_(注三)（Societal Structure）

第一节 组织

一、社会——广义的组织；功能团体——狭义的组织

"组织"（Organization）两字在社会学上是非常重要的，也是意义很不清楚的一个概念，所以我们这里不能不将孙末楠的这个概念说明一下。虽然他没有为这名词拟下什么定义，但我们从其平常用法和解释中，倒也可以见到其梗概。第一，按他的说法，广义的组织寖即等于社会，为明了这一层，我们最好由他的社会的定义说起，这样才易于知道"组织"与"社会"两个概念的关系，和"组织"本身的不同用法。《社会的科学》里说：

> 我们在这里所要呈献的，对于一个人类社会的看法是：一个人类社会是一群在通力合作下去争得生存和传种的人类。（卷一，页六—七。）

又说：

22

　　这定义中的条件并没有限制团体的大小、为社会的资格。一个家庭满足其中的条件，正如一个国家，乃至整个人类满足其中的条件一样。（卷一，页七。）

他又在早年的一篇文章上说：

　　我们所要对付的社会，并不是由某个数目的人们所做成。一排军队不是一个社会。一个人与他的妻子和儿女才组成一个社会，因为这具备了社会的一切要素。两性间的某种分工是受自然所驱使。在一种组织之下，一个家庭，以其大体而论，自比在极度不分工的状态下，维持得较好一点。（《战争及其他》，页一七四。）

　　这可见孙末楠眼中的社会基本条件是生存（社会自存）和传种（社会自续）二种功能。可是，这还不够，还有一个最重要的条件是，那定义中所已经提到的"通力合作"一点，所以他说：

　　我这个定义中的要件是：在社会自存与社会自续中必须有合作的活动。（《社会的科学》，卷一，页七。）

所谓"合作"者其另一面便是分工。分工与合作乃二而一、一而二，或一个东西的两方面。而这个东西便是"组织"，所以组织也是社会的基本条件。他说：

　　无组织的人类团体可以履行社会的功能，而仍不能成为一个社会。人们偶尔的会集——如戏场中的观众、礼拜堂中的崇拜者（虽然老是那几个人）、火车和轮船上的乘客——不是一个社会。（《社会的科学》，卷一，页八。）

但是，这也不是说一切组织都是社会。只有那执行生存和传种这两大功能的组织，始可称为一个社会，所以他又说：

> 组织——专门和合作——自身并不够成为一个社会：社会必须是一个运行这两种典型的社会功能的组织。（同上）

由是他的结论是：

> 那么，人类社会，为了它的部分上的分歧，专门化及功能的分配；为了它的各部分的互相服务、扶持，和团结，确是一个真正的系统或组织。他有一个与个人不同的生命；这生命也不仅是许多个人生命的积聚或倍蓰。（《社会的科学》，卷三，页二二二。）

由这"社会"一词，果作何解。正如《社会的科学》中所声明（注四），他的"组织"二字的涵义不外斯宾塞的"分化与成全"（Differentiation and Integration）的意思。另一种说法就是专门（分工）和合作。不过在这个组织的基本意义的背后，尚有一个重要的假定是：人类有种种功能。所谓分工合作，即指此功能上的分工合作而言，不然则毫无意义。而所谓功能者，无非是满足某种需要、兴趣，或欲望的手段、方法、活动，或作用罢了。所以更透澈的说来，"组织"两原意谓：一群有着共同需要或兴趣的人，结合起来，各就所长，分工合作，借以实践并提高那满足这某种需要或兴趣的功能。人类社会的两个最基本的需要或兴趣，便是生存和传种，所以凡是建筑在满足这两个兴趣的功能上的组织，都够资格称为社会，不然则反是。为了这缘故，所以我才说：在孙末楠，广义的"组织"即等于"社会"。此处广义云者，乃言其以社会基本功能为条件罢了。

但除此两个基本的兴趣与功能之外，尚有一些次要的，和无数琐屑的兴趣和功能，一样的为人类特殊结合及活动的核心。但这特殊的结合或组织不能叫做社会，只好说是功能团体，因为其所对并非那两种基本的，而是许多次要的和琐屑的兴趣与功能。所以我才说孙末楠的狭义组织便是功能团体，而非社会，也就是此节以下各目中所要阐明的题材。

二、制度与组织

制度是一个与组织最常混用的名词——尤其是孙末楠所说的制度。这里得先声明，此地所言制度不是指一个社会的全体制度，而是指个别的制度；此地所言的组织也不是广义的组织（或社会），乃是狭义的组织——即功能团体。虽然孙末楠对制度二字有他一贯的见解，但在其制度与组织二词的应用上，则不免有点殽乱，此《民风论》与《社会的科学》二书皆可证明。

上文说过，孙末楠讲到组织的时候，在假定一切组织的核心为兴趣之外，特注重其中的专门与合作两要素。换言之，是注重

25

功能那一面。原因也许是"结构"（包括构成份子及物质基础）一层，本就是组织一概念中的当然部分，或第一义，故无须特别扼重。当他说到制度的时候，他所注重之点不在功能，却在结构。他说：

> 一种制度包含着一个概念（意兴、观念、信条、兴趣）和一个结构。这结构是一个骨架，或机械，或只是几个执行职务的人员，在某一时会下，按着所规定的方法从事合作。结构扶拥着概念，并供给种种工具（或方便），把这后者带到事实和动作的世界去，在某种方式下去满足社会中人们的兴趣。（《民风论》，页五四。）

从这一段精简而深邃的话中，我们可以看到他所说的"制度"原来跟"组织"一样。也有那三种要素：

甲、第一是兴趣，不过他在这里改用"概念"一词，原因是他要表示制度是一种发展得最完美的东西，其中生理上的"需要"和心理上的"兴趣"，进到这一阶段，已是明晰的被感觉到，意识到，和概念化了。

乙、第二是结构，结构一层是他在这里所特别指明和扼重的。他之所以如此，也许是因为制度一语通常总是以其中的行为模式或动作系统（即功能）为第一义，正如组织一语以结构为第一义一样。他在这里的目的是要说结构在制度上的重要和用处；是要说明制度在文化诸特质中是最前进和最上层的东西，不单其中的兴趣变成概念，连它的种种功能都发达到，非有客观的结构——或物质的要素——不可的一个时期。所以他讲到婚姻与家庭的时候，他说：

> 虽然我们说婚姻为一种制度，但它只是一个不完全的制度，因为它没有结构。家庭才是制度。（《民风论》，页三九五。）

丙、第三是功能。他虽然此处没有说出功能两字，可是他的"结构供给种种工具，把概念带到事实和动作的世界去，在某种方式之下去满足社会中人们的兴趣"这一句话便是功能两字最好的解释。结构与功能本来就是一而二，二而一的东西。结构的用处和意义就在于它随着功能而变，或对于功能的适应，即孙末楠所谓结构无非是供给工具和方便的意思。《社会的科学》中有一句话很明白的关于组织中的结构与功能的关系的话，也一样的可以用到这里来解释制度中的结构与功能的关系：

> 我们回忆前此所说：组织乃起于专门（Specialization），而继之以成全（Integration）的。首先来的是功能的分配，然结构上发生变异，以与这功能的分配相应。当功能扩充……和完成的时候，继着则有更显著的结构上的适应。（《社会的科学》，卷一，页九八。）

由此可见孙末楠所了解的组织和制度，在逻辑上看来，实在不能有分别。两者都包含兴趣（或概念）、功能，和结构三要素。所以他有时用"家庭制度"，有时则用"家庭组织"。其实不单家庭如此，即国家、教堂、商店、工厂，和戏院等各种功能团体都可称为制度或组织。

三、人类行为四大动机及其所造成的主要组织

本节以上各段所述到此可以说只是导言，因为我们在本节的最后目的是要说明：孙末楠在组织的观点上所看到的社会结构，究竟它的成分是什么，及这些成分在机构上的关系如何；具体言之，即社会主要的功能团体是什么，及它们间的关系怎样。以下便是我们的答复。

在组织的三大要素——兴趣、功能和结构——中，兴趣是比较最根本的东西。它是整个东西的核心，功能与结构都是为着满足它而存在的，否则实毫无意义。所以这核心是决定功能和结构的性质的原素，并且是一个组织所以别于另个组织的枢纽。因此我们若要知道孙末楠的社会组织的分类，最好先知道他对于兴趣的讲法。

其实我们这里与其说兴趣不如说动机，因为在《民风论》中，我们的作者明明告诉我们说：

> 人类动作有四大动机。当人们在同一生活情况下接近的时候，这些动机便开始活动，它们是饥饿、性爱、虚荣和恐惧（对鬼神），在这每个动机之下，则有许多兴趣。生活即寓于兴趣的满足中，因所谓社会中的生活，不过是人类向着物资环境和社会环境施展其活动和努力的事业。（《民风论》，页一八。）

在孙末楠看来，动机乃兴趣之母，亦可以说兴趣是许多琐屑行为当前直接的动机。（注五）《社会的科学》中又称这几种动机为"社会化的势力"（Socializing Force）（注六），意谓这是它们驱使着人类走上结合和组织的路：没有它们社会便无形成的可能。此外，孙末楠又常以需要（Need）一词来与"动机"一词并用。需要两字较为生理的，比动机似更基本和具体一点。（注七）

他相信在普通使用上，饥饿、性爱、虚荣和恐惧这四大动机包括得很详尽的。人与人之所以结合而产生组织，这些动机便是其最后的动因之一种。而组织的分野也是随着这些不同的动机而定。此四大动机中，饥饿与性爱为最基本的、本能的，可以等于所谓需要。不过这两者在孙末楠是广义的用法。饥饿两字实则包括从胃中间歇的饥饿感觉，以至一切身体上的不舒适，驱使人向着物质上的满足的。（注八）性爱两字也如此。它们包括肉欲、浪恋爱（演化晚期才有的）、夫妇爱、亲子爱等。（注九）将饥饿与性爱比，他以为：以冲动性说，前者比后者较为巩固，较为定时，虽则有时当性爱狂烈时，往往会置生存于不顾。（注一〇）

至于"恐惧"一动机并非指人类对于生活上不幸事件直接所感到的恐惧，乃是指他们对于人间不幸事件的虚构原因（即鬼神）的恐惧。（注一一）最后，虚荣两字不过是一些性质相近或相连的冲动——如虚荣、自夸、好胜、好体面、浮华、奢侈、纵乐、特殊嗜好等——的代表，因为它是这些冲动中最重要和有力的一个。（注一二）虚荣所代表的这一类动机与其他基本动机不同，它本身不是基本的，乃是接在自存与自续的两基本动机之上的。（注一三）它不是最低的需要，而是升华作用的冲动。饥饿与性爱若不得最低限度的满足，虚荣与纵乐自无用武之地，至少活动的机会也极乎有限。（注一四）但这不是说它不重要，其实它是人类社会最主要的特质之一。为了它这种依附着人家——基本动机——的性质，它自身只能产生许多零星的、彼此不相关联的小组织，生长在别的大组织——如经济、政治、宗教、家庭等——之上。（注一五）

兹将这各种动机与其所造成的主要组织制成一表于下。（注一六）这便是孙末楠的社会组织的分类法，也是《社会的科学》一书中所表现的社会学系统。

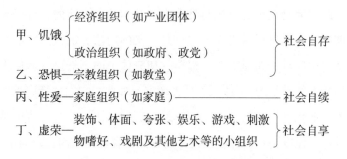

从这一表中可以相当看到"社会自存"一项在孙末楠社会学系统中之重要。饥饿动机所直接对付的是自然或物质环境，所造成的是经济组织。但人类在生存奋斗中不但须与无机的自然和动植物争，且更须与其他人类（社会环境）争，由这后者结果而有政治组织，所以政治组织也是社会自存之一部。同时恐惧动机所对付的虽为鬼神世界（虚幻环境），但其根本动机仍不外趋利避害，仍不外为人生福利打算。《社会的科学》中明明说："宗教若非为着拒祸招福，则毫无意义。"（注一七）并且引烈伯特的一句话，说是宗教是伸长坟墓中去的生存奋斗。（注一八）所以宗教组织也

不出社会自存的范围。（注一九）

"社会自存"一项的重要尚不止此。我们以后讲到家庭制度时便知道：孙末楠把家庭组织的基本要素认为是经济合作与性生活。但在二者之中，他以经济合作为中心，以性生活为附庸。他以为家庭本与其他经济组织无别，其所以别于其他经济组织之处，只在于有这性生活为附庸，致其性质较为特别。（注二○）

家庭组织况且如此，至于由虚荣所代表的一类动机所产生的零星组织，自更不待言。这就是在孙末楠眼中的各主要组织的关系。

第二节 团体（注二一）

一、原始社会

我们要明了"团体"这种性质，最好从孙末楠对于原始社会的结构的看法下手。关于原始社会，他有两段很重要的话是：

> 我们对于原始社会所应作的概念是原始社会是许多散布于一块地域上的小团体。这些团体的大小是为那时地生存奋斗的情况所决定。每个团体的内部组织是与其大小相称，团体中的团体。（注二二）彼此可有相当关系（如亲族、比邻、联盟、姻媾，和交易等），这些关系把它们拉在一起，并使它们与别的团体分化。由是在我们（我们团体或内群）与一切别人（别人团体或外群）之间，起了一种分化作用。（《民风论》，页一二。）

当我们从事讨论原始社会的时候，我们应把它认为包括许多分开地散布在一大地域上的小团体，我说"团体"两字，因为我要一个广义的名词，如澳洲土番与南非洲土人的那样，这种团体可以包含一个男人和一个妻子——很可能两个——及他们的儿女们，或另外还可以再多几个。这种团体也可以是一个村落团体（Village Group），像在新几内亚（New Guinea）那样；或者是一个部落，或部落的一部，如在我们的印第安人中那样。我们要注意这个最后的单位乃是一个团体，而不是一个个人。（《战争及其他》，页七—八。）

《社会的科学》中也说：

在科学观察的范围内，我们所见到的最先出现的人类，是一大数目的和平团体——家庭、氏族、部落——每个团体的构成份子间的冲突，都是曾经相当妥协和限制的。（《社会的科学》，卷一，页一二五五。）

在这几段话中，可以看出以下各点：

甲、他所谓"原始社会是一种团体的团体"，这句中的第二个"团体"不是通常意义的团体，而是特殊意义的团体——专指血缘与地缘团体的。这以他所举的例即可证明。他虽声明用这"团体"两字，为的是取它的广义，其实这广义云者并非广到包括一切团体；其实能包括血缘与地缘团体，意义也够广了，因为在此二者之中——尤其是如城市或国家那样大的地缘团体——内部实含有种种组织和阶级的，以文化论则各有其个性。

乙、孙末楠所看到的原始社会既不是形单影只的个人，又不是人烟稠密的大集团，乃是一些大不过村落、部落，小不过家庭，氏族的小团体，散布在一块地域上而又相当临近。其所以如此的缘故，是因团体的大小乃为生存奋斗的情况——经济条件——所决定。（注二三）这是派克可引为很重要的一点。他从这些话中看到孙末楠的社会观的一面是"社会是一种地域的组织，因此根本是地理现象"。（注二四）原因是孙末楠这一句话的涵义与"社区"及"人类区位学"等的概念有点相关，所以特为派克所注意。

二、血缘团体与地缘团体

我们由讨论孙末楠的原始社会观，而附带认识到他的团体一词的特殊意义，即专指血缘团体与地缘团体。我们上节说过，按孙末楠"组织"两字的涵义，一切社会结合或群体本都可以算为一种组织，只要其中的构成份子是为着某种相似和共同的兴趣而结合，而执行某种功能，而产生某种结构。血缘团体——包括家庭及氏族等——自然满足这个条件，地缘团体也是一样。但这两者与他种组织比较，却有其特别的地方，为他种组织所没有的。这就是我们把它们从组织中分开来讨论的理由。而这特别的地方即在于"血缘"及"地缘"两点上。这两种组织之所以与众不同者，乃因其被此二种质素沾染得非常厉害，所以性质因而大异于其他。换句话说，这两种组织的核心虽有他种兴趣的成分在内，血统兴趣及地域兴趣却占其中极重要的地位，并且是强有力的要素，尤其为初民社会所借以维系其社会团结的东西。它们是两种最重要的社会的系结（Societal Bond），虽然社会的系结并不只这两个。兹将它们分开来讨论。

甲、血缘团体——家庭是社会的最后和最古的单位。血缘团体即包括家庭及由家庭按着血统关系（母制或父制）而扩充出去的各种氏族（Sip、Clan、Gen、Phratry）[1]这种团体或结构，从一方面看来，固是为着适应社会自存和自续的兴趣与功能而生，但在另一面看来，他们却是建筑在亲族或血统的兴趣及观念之上。这后者不但影响血缘团体本身的性质，实且影响整个社会的性质。孙末楠说：

> 在遗传与种族形式下的亲族关系是一个在人类各种兴趣上没有再重要的事实。这个事实在初民社会中曾被愚昧所隐匿过：在我们它还是躲在许多神秘的幕后。然而，血统观念是初民所最早具的观念之一，作为他们结合的连索，和许多民风的基础。（《民风论》，页四九三。）

亲族关系的最初认识应回溯到母子的关系。他说：

> 某个小孩既与某个妇人经过一时的身体上的关联之后，复由他生下来，这是一个历史的和身体的事实。这个母亲又生一个小孩，这又是一个同等的事实。……亲族关系纯是一种事实和历史，所以是理性的。……其实它是一个初民所想出的最重要的社会的概念。纵使现在我们要拒绝它，以它为错误，它仍然还是那样。（《民风论》，页四九三—四九四。）

无可疑的，母子间关系显示着一种最低级的结合，并在它之上建立起那亲族的概念。血缘是最古和最坚固的形成社

---

[1] 疑似有误，"Sip"应为"Sib"，"Gen"应为"Gens"。——编辑注

会的连索，因为在一个亲族团体里面是太平、和谐与合作。（《社会的科学》，卷一，页四四九—四五〇。）

不过，亲族观念虽然这样重要，但往往只是一种无根的、与事实不符的信仰而已。有的显然是不同来源的同伴或邻居，由其他关系或经过某种人为的礼节，继而相信他们是同一祖先的后裔。有的民族甚至认小孩与其乳母为亲族，或同食者为亲族。（注二五。）此类事实一面证明有时亲族认识的虚假，另一面则更可证明其深入人心及其在社会某种团结上之重要性。

乙、地缘团体——孙末楠自己讲过他的团体两字，不单包括家庭，而且包括部落、村落等团体。虽然在部落与村落之中，血缘和其他关系还是极重要的质素，但是其中"地缘"的成分已经是非常显著，甚至可以说是它们的最主要的社会连结。及至后来的村镇、城市、行省、国家等，这地缘基础更是明显。并且以古今许多社会说，地域观念的力量之大，实远过于其他一切兴趣。有时在不知觉中连血统关系和观念也基于它的上面。（注二六）《社会的科学》中说：

　　虽然血统是连索（Bland-tie）是最有力的一种系结，但地域上的相近是引导结合上去的最简单的条件。最初形式的社会观念是"我们"，以别于"他们"。在此地的我们是一个团体，在别处的他们是另个团体。地域上的相近程度要视那随着生活技术而变更的"人地比例"（Man-Land Rotio）而决定。不过要知道，人们一有接近的机会，在短时期内大家将都变成同伴。……这是很明显，所谓"无关系的邻近"，不过是推理上的前期，而不值得怎样认真的；无论在何种情况下，通婚和血

统，必很快的代替它。……这血统连索简直与相知及习惯不能
分别，无论这相知与习惯是来自地域上的接近，或来自守望相
助所引起的同情。(《社会的科学》，卷一，页四二。)

由这可见孙末楠虽把亲族观念看得那样有力，却也不忘地域
观念在社会结构上之重要——尤其是在国家组织（自部落始）发
达之后。

至于血缘团体与地缘团体的交界点，据《社会的科学》一书
所表示，是在于氏族与部落之间：

从历史的观点看来，氏族乃始于族人的结合，而终于地
域社会的形成。(卷一，页四三三。)

当一个人由这些较小的亲族组织进抵部落的时候，他
实在是经过血统连索而到一个更大的政治连索。(同上，页
四三八。)

在地方和地域兴趣的影响之下，亲族组织则趋于消沈。……
这个由血统连索到地域系结的趋向是后期发展的国家组织的
特征。(《社会的科学》，卷一，页四三二——四三三。)

三、"我们团体"与"别人团体"(注二七)

孙末楠把团体认为是原始社会的单位，而团体两字系指血缘
与地缘团体而言。由是所谓社会关系不外是这种团体内部份子间和
团体与团体间的关系。他对于这一点是很看重的，特想出一些概念
来描写并解释。我们在本章的目的虽不是要述他的社会关系及历

程的学说，但即就社会结构着眼，这里也有稍将其"我们团体"与"别人团体"（We-group and Others-group）的概念介绍一下的必要。

关于什么是"我们团体"与"别人团体"，他自己的话已经说得很明白：

> 我们对于原始社会所应具的概念是：原始社会是许多散布于一块地域上的小团体。这些团体的大小是为那时地的生存奋斗的情况所决定。每个团体内部的组织是与其大小相称。团体中的团体彼此可以有相当关系（如亲族、比邻、联盟、姻媾，和交易等）。这些关系把它们拉在一起，且使它们与别的团体分分。由是在我们（我们团体或内群）和一切别人（别人团体或外群）之间，起了一种分化作用。我们团体的内部份子彼此是在一种和平、秩序、法律、政府，和生产的关系之下。他们对于一切外人或别人团体的关系是战争或掠夺，除非为某种契约所限制。（《民风论》，页十二。）

他这里所说的"我们团体"和"别人团体"可以是血缘团体（自小家庭以至大氏族），也可以是地缘团体（自部落以至乡镇、城市、行省、国家等），但不是我们上节所述的功能团体，或下节所讨论的阶级。这种"内群"和"外群"简直可以说是雏形的社会，所以孙末楠说他是取这团体两字的广义。这种团体若不与其他邻近的别个团体发生关系，自己也尽可独立生存和绵延下去的。不过实际上我们在初民社会所看到的，是许多这样的小团体，散布在一块地域上，而彼此有相当关系。每个团体的内部，自然可以有种种组织和阶级：在文化上它是一个单位（注二八），有它的个性的。（注二九）构成它的份子有一种共同的兴趣，对外联合成一个战线，一致行动，俨如一体。以其内部的关系说，他是孙末楠所谓"和平团体"（Peace-Group）。以团体与团体间的关系言，它们是"竞争或冲突团体"（Conflict-Group）。对内和平、对外作战是一个东西的两面，是互相为用的。这在社会生活和社会演化上是一个极重要的事实。详情我们留到本篇第三章中去讨论，此处即此为止。

第三节　阶级

一、阶级与组织和团体的分别

我们已将孙末楠在社会结构上所看到的两方面——组织和团体——在以上两节，略如说明。但这两方面仍只是其横的看法，他在社会结构上还有一种纵的看法。从这纵的看法他又看到社会结构的极重要的一面，那就是"阶级"。换句话说，各种组织或各种团体彼此的关系是并立的，而一个阶级与另个阶级的关系是层次的；所以我们一说到阶级，总脱不了"上层""下层""高级""低级"等观念。这便是阶级与其余二者最大的分别。

还有一点应该提到的是：虽然属于一个阶级的份子有着共同的兴趣，或为这兴趣而产生相当的组织，但若以过去历史来看，它（阶级）的团结力、持久性，和普通性，总不如功能团体及血缘与地缘团体。孙末楠虽然极端注重阶级斗争（注三〇），但对这一点大概是不会否认。他自己也说过，社会的中层阶级始终没有独立地组织过。（注三一）

二、社会的价值——阶级分类标准

即因阶级缺乏巩固和严密的组织的缘故，所以许多讲论阶级的人，总不能拿组织上的任何要素为区分阶级的标准，大家都只好在阶级分化的某种因素上寻找解释，孙末楠自己特为这问题，郑重提议以"社会的价值"为阶级分类标准。他这个意见的由来，是受哥尔顿（Galton）和亚们（Ammon）的影响。（注三二）他说哥尔顿启示这观念，而没有将这标准严格地解释或拟下定义，因而他自己明白标榜着"社会的价值"，并特为它解释一番。这在研究阶级现象的人，是很可以参考的一种材料。他以为：

> 我们假如将一群人们，按其身体上某种特质（体格、重量）去测量和分类，我们将发现：所得结果是在常态曲线（Curve of Probable Error）之下表明出来。它一定是这样，竟是一种不待辨明之真理。倘若在一群能力和抵抗力程度差等的人，加以同样的影响，最可能的结果是：他们之中最大多数将达到同等的，和平均的自我实现之程度，其余则以各人的能力及抵抗力为比例。这个事实这样的常经统计地证明，并且应用在极多种的体质之上，结果都一样，所以我们也把这个真理推到一切心灵的和性格的质素上去。不过我们对这种质素缺乏之适宜的单位，因而不能量它或统计地把它分类。（《民风论》，页四〇。）

他这一段话是他的"社会的价值"的导言。意思说阶级的形成是由于人类不同的能力与抵抗力（心理的和性格的因素居多）。虽然我们对此类特质没有可供估量的单位，但实际上社会阶级所

表现的常态曲线总是源此而来的。这些特质便是造成社会的价值
之要素，故社会的价值乃真正的社会阶级之分类标准。他在早年
的一本著作上就说过这一句话：（注三三）

> 阶级的分别只由于人类各个利用那所献给他的机会，而
> 彼此成功的程度不同。（《社会各阶级的关系》，页一六七。）

现在请看他如何解释社会的价值：

> 我们如果以社会价值来做社会分类标准，它有一个好处，
> 那就是它切近于我们作分类的最主要的旨趣。不过它是复杂
> 的。它没有单位，所以没法以统计来证明。大体上，它是与脑
> 力相符，但也必须包含实际知识、健康，及机会（命运）等的
> 一大要素。最简单的分析，在社会的价值中可以说有四个要
> 素——智识的、道德的、经济的，和身体的。不过其中每个都
> 是复杂的。假若其中有一个是高度的，其余是低度的，那整个
> 是不调和的，且不甚有益。最高的社会价值似乎是与一种调和
> 的配合相符，虽然其中各要素有时全是低度的。一个能干、有
> 实际知识、勤勉、坚忍，和遵守道德规律的人，对于社会，他
> 的社会的价值是超过一个在道德上不负责任，或不努力的天才
> 之上。普通、社会的价值也与世俗上的成功和在经济组织中以
> 工作换来的收入相合，因为没有实效的天才是没有社会的价值
> 的。不过在另一面，许多科学的工作和在科学及艺术上极有价
> 值的著述，对其作者往往毫无报酬。可以由市场所换来的报酬
> 和收入，只能不完全地估量社会的价值。虽然我们承认这些缺
> 憾，但社会价值总是一个具体的概念，尤其在它的反面，表

现得清楚（如穷人、无赖汉、社会失败者和无能力者）。残废者、依赖者，及犯罪者的阶级已经分化得很完全，并且已是统计计算的对象。其余各阶级也只是程度的不同。因此，假如将所有的人都按这价值去估值和分级，结果将由一个常态曲线表现出来。(《民风论》，页四〇—四一。)

这是他对于社会的价值的说法，现请看他用这标准去区分阶级，而所得结果如何。

三、阶级分类图解

孙末楠的这阶级分类图解，原为亚们氏所著，而被孙末楠采用在这里。(注三四)兹将全图照抄并迻译于下：

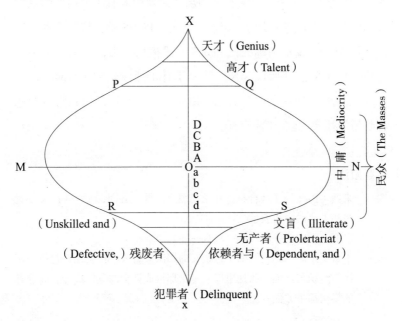

41

在这图解上，直线 Xx 是被许多横线（如 PQ 或 RS 等）切断，由是划成上下许多部分，以示平常社会讨论所谓"上层""下层"等意思。MN 是指明最多数的线，从 O 点上去又可划为 OA、AB 等段，指明最多数以上的社会的价值的等级；从 O 点下去也可同样的划成相等的各段，指明最多数以下的社会的价值的等级。在顶尖一段是一小数天才，再下包括有能干的人或高才。在底尖一段是残废者、依赖者和犯罪者。这些落伍者是社会的重负。在他们之上的又一层级是无产者或所谓普罗列塔利亚。这一阶级的人并无固定的谋生方法，但当做这分类的时候，他们又未至流为依赖者。普罗列塔利亚一词若用得正当的话，则非此等人莫属。再上去又是一层很好定义的阶级——即自立自给但无精巧技艺和不文的人。然后，凡在 PQRS 范围内的，都是属于中庸阶级，构成所谓"民众"。孙末楠以为在一切新国家及中欧有一个很强的趋势或潮流是：这 PQRS 中的下层阶级往上（PQRS 的上层）移动，所以他把 MN 一线不匀称的把 PQRS 一段横切下去，在上一半多留地位，以示此意。所以 MN 一线是统计上所谓范数（Mode），它所代表的阶级是一个社会的范数用阶级，我们可以用它将一个社会与另个社会比较。（注三五）

本章附注

注一　来斯（Rice），《社会科学中之方法》，页一五四，一六一；及派克在私人谈话中所表示。

注二　以下，页四四—四六；一八八—一九〇。

注三　本章所用的"结构"两字是狭义的用法。有人将社会结构包括一切社会组织与功能。我这里以它专指那构成社会的具体成分，和静态的架构那一方面的。

注四　《社会的科学》，卷一，页一〇九。

注五　《民风论》，页三。

注六　《社会的科学》，卷一，页二一一二六。参看以下页五五一六〇。

注七　《民风论》，页二；《社会的科学》，卷一，页二六。

注八　《社会的科学》，卷一，页二二。

注九　《社会的科学》，卷一，页二三。

注一〇　《社会的科学》，卷一，页二三一二四。

注一一　《社会的科学》，卷一，页二六。

注一二　《社会的科学》，卷一，页二五；卷三，页二一一三。

注一三　《社会的科学》，卷三，页二〇五九一二〇六二；二〇九〇一
　　　　二〇九五；二一一三一二一一五；二一五一一二一五九。

注一四　《社会的科学》，卷三，页二一五七一二一五九。

注一五　《社会的科学》，卷一，页九一一九二，卷三，页二一五一一
　　　　二一五九。

注一六　《社会的科学》，卷一，页八七一九二。

注一七　《社会的科学》，卷二，页一二一一七。

注一八　《社会的科学》，卷一，页九一。

注一九　《社会的科学》，卷一，页九〇一九一。

注二〇　《民风论》，页三四五一三四六；《社会的科学》，卷三，章四一；
　　　　《战争及其他》，页八。

注二一　此处"团体"（group）二字是特殊的用法。平常这两字多是指那
　　　　界乎个人与社会之间的一切群体；但孙末楠是用其狭义的，虽然
　　　　他自己没有明言。他的"团体"一词多数是指血缘与地缘团体，
　　　　他种团体则以"组织"和阶级去包括，所以我们这种仍保留其原
　　　　来字眼。

注二二　原文为（a group of groups），本应译为"团体"的团体。但考其
　　　　全句及上下句意思，孙末楠此处在文字上似有点语病，其实他不
　　　　是言团体的团体（即社会），乃言团体中的团体（即他文中所谓
　　　　小团体），故我改译为，团体中的团体。

注二三　孙末楠很常提到这一点，可参考看《战争及其他》页七一十；

《社会的科学》，卷一，页七，四一六—四一七，四二〇。

注二四　见派克，《孙末楠的社会观》，《社会学刊》，第六卷。

注二五　《民风论》，页四九五。

注二六　《社会的科学》，卷一，页四二〇，四二三，四五〇。

注二七　重要材料见《民风论》，页一二—一三，四九八—五〇四；《战争及其他》，页七—一三；《社会的科学》，页三七三，二五六—二六一。

注二八　即清华大学教授 Shirokogoroff 所谓 Ethnos。

注二九　《战争及其他》，页八。

注三〇　参看本篇第三章。

注三一　《民风论》，页五一。

注三二　《民风论》，页三九。

注三三　要知道团体内部的与团体与团体间的阶级分化方式及性质之不同，可看《社会的科学》，卷一，页五六〇—五六四，五八一—五八七。

注三四　《民风论》，页三九—四〇。

注三五　此段解释团体的文字详见《民风论》，页四一—四二。

第二章　社会的动因（Societal Causation）

第一节　社会力

一、社会力的一般性质

孙末楠自早年受斯宾塞"社会势力"（Social Force）的学说影响之后，这个概念一直在他的思想中占着极重要的地位。他以为社会学的目的和功用不在只描述现象，而在那现象中找到种种社会力及其运用的法则。唯其如此，社会学才有实效可言。用我们的话来讲（注一），他所追求的原是"社会的动因"（Societal Causation），而社会力云者不过是这动因的原素。他自己也曾将"社会力"与"社会原因"混为一谈。（注二）同时他又以"生活情势"（Life Conditions）一词与"社会力"并用，就"生活情势"是一切社会历程，社会变迁的总起点。而他这"生活情势"也是无所不包的。（注三）可惜他始终没把这些基本的概念定义一下。

他不但没有"社会力"的定义，也没有将其所看到的各种社会力明白举出或分类，因此我认为这是整理他的思想的人不可免的一部分工作——就是按他对于社会力的普通解释及对于各种社会力的认识，编成一个系统来。以下是我的尝试。

孙末楠的自然哲学根本就以为自然者无非是一幕许多势力（Forces）在那里排演的戏剧（注四），而这些势力的活动方式或运用方式是循着一定的法则的。宇宙一切现象皆受此种势力及其定律的支配，在人类社会界活动着的势力难有其特殊性质，但其"不可避免性"（Inevitableness）却与表现于自然界的势力一样。关于普通社会力的性质，他是这样讲法：

> 人类和人类社会在这地球上的存在是为自然及社会中的势力所决定。它是受定律支配。（《社会的科学》，卷三，页二二一五。）

> 人之整个生活是在定律之下——我们对它作任何他种观，都是不可能的。这是没法去了解社会，除非我们把它视为被一些保持平衡的势力所维持和左右，正如我们认识自然那样。……假如社会科学仅从事于"随便"的事情，那就没有社会科学。……毫无东西可以寻得。其实，随便的领域是非常有限的。它是为势力境界所包围，所以当我们自以为是采纳所愿意的计划时，我们常发现实际上是被人的性质及地球性质的事实所约制……（《土地的饥饿及其他》，页一六七——一六八。）

他早在一八七八年的一篇文章上就这样说：

> 我认为经济的势力简直可以与物质的势力对等；它们自然地发生，一定要顺随着某一因果程序，这都是与物质的势力一样——不多也不少。……社会秩序，在我看来，不过是社会力

的产物，而社会力始终是不断的趋向于某一理想之点的平衡，这理想之点又是不断的随着永远无定的，势力的总量或速度，或新的凑合而变。(《被忘却的人及其他》，页一八七。)

所以在孙末楠，社会力与自然力，若以"因果性"论，实无什么根本的不同——事实上他有时也干脆叫社会力为自然力（Natural Force）所差者，只在运用的领域和材料不同罢了。（注五）但人事界的社会力的复杂性，比之自然力实有过而无不及。为了社会力的极度复杂性，为了它们的不断的新的凑合，致常使我们觉得相似的势力往往产生不同的结果。其实，在孙末楠看去，在人类历史上活动着的社会力始终总是那几个（注六），社会现象之所以那么样行行色色，原因只在社会力的总量和速度是无定的，成分是时刻改换的。

二、社会力的范围和种类

孙末楠平常很喜欢说社会生活或社会现象是受人类性质和地球性质所决定。（注七）这即等于说社会动因或社会力乃存于人类性质及地球性质之中。他这"人类性质"（Nature of Man）和"地球性质"（Nature of Earth）两者含义之广实把物质的、生物的、心理的，和文化的，包括殆尽。所谓地球性质者不只言人类所居住的这个地球面层而已，举凡天文、地理、地质、物理、化学，乃至生物等的现象，无不属之。同时，他所谓"人类性质"（简称为人性）者也不单指人性中之生物基础、心理基础，且连文化的素质也包括在内。所以，以社会力的范围论，孙末楠所提到的社会力是无所不包的。以社会力的种类论，他是一个多元论者。这种种社会力是生生不息的，找不到其中何者为起头、何者为结尾，此一势力之果又可为彼一势力之因，因果相承，推演无穷。社会现象中之同与异，即基于这些势力的相同凑合或相同成分，和不同凑合或不同成分。至于各种社会力的比较轻重一问题，虽然他自己没有用何准确的方法来建立何种相关系数，但倒也不乏相当间接的和侧面的表示，此于以下各节中即可明了。

第二节　人口与土地的比例

孙末楠的本来是治经济学的，且对于马尔萨斯（T. R. Malthus）的和新马尔萨斯学派的人口论是非常注意的。也许大半是为着这个背景，因而经济和人口现象在他的思想体系中——尤其是在他的"社会力"学说中——占个极重要和基本的地位，终身没有改变。这在他一生的著作中，处处都可以见到。《民风论》开卷第一句话是"人生的第一件事是求生活"。在他，经济组织（社会自存）是社会的最基本、最主要的组织，经济势力是社会现象中最强有力的力量。（注八）这类的话实在是举不胜举。（注九）但《社会的科学》中也曾声明说，这种偏重经济现象并不即等于主张经济决定论。（注一〇）所谓人口与土地的比例者，在孙末楠看去，便是经济现象的基础或总发机。（注一一）在这个比例上他建立他的人口律。特于《社会的科学》一书的引论中，专章讨论，可见其对此一点之重视。所以我们也特地把它提出在这里，也好作为以下各节的导引。

我们要仔细讨究，则知道原来他这个人口与土地的比例本身是非常复杂的，在每项的背后还有种种变动的原素，在那里决定着。所谓经济力（Economic Force）者，仍不过是许多更基本的势力的总汇。现在我们仔细来分析。

一、土地（注一二）

这比例之后一项是土地。按孙末楠的讲法，这地球是人类演其命运剧的舞台，也是其生活情势的主要原素。它是生命之来源，也是生命之归宿。土地不但给予人类以立足之地，而且是人类食料及一切生产的总来源。但他这里土地两字是广义的用法，正如他所谓地球一样，包括一切凡与土地生产力有关的、文化的、地理地质的、理化的，以及生物的种种原素。恺莱因嫌土地一词意义较狭，故在他的《社会的演化》一书中把它改为"环境"，即为这个缘故。（注一三）孙末楠用土地两字，原也是来代表自然环境。土地所以有资格代表，乃为着它是一切生产的总对象，一切原料的总来处，且比自然环境较为具体一点，人类为求物质上的满足，必须向土地——自然环境谋调适，由是人类行为或社会现象不可避免的要为这土地背后的种种势力所决定。

土地的数量也不是单纯的数字所能表现，因为重要的是它的生产力，而生产力在人类社会中是不单靠土地的多寡和物质及生物的原素的，一部分它是受人类控制自然的能力所左右。这人类控制自然的能力叫做技术，某一时地的技术，叫做技术状态（State of Arts）。人类调适能力之所以超过他种动物，就在凭借着这技术，使土地增加其担负力或生产力。因此，人类在土地与人口的比例上能相当为力。

一切科学对于这比例的影响也跟技术一样。人类对于自然界的知识愈扩大，他们按照自己的目的而干预自然势力活动的力量也愈大。一切社会组织上的发展对于土地的影响也如此。人类因能够通力合作来对付自然，结果行为更有效。所谓有效者，乃言从土地中得到更多的收获，能够维持更多的人口，或提高同样人口的生活程度。

但这里所说的"技术""科学""社会组织"也者，无一不是文化的特质。所以人地比例中的人口一项，除掉受物质的和生物的势力支配之外，尚须受文化势力支配。并且就过去人类历史看来，这文化势力似乎愈来愈凶。

其实在人类这种文化调适的现象背后，有个极重要的假定是人类原有种种本能、动机、兴趣、欲望，原有痛苦与快乐等情感，原有相当理性、智慧、观念的作用；因为文化调适的特征便是心理调适（Mental Adjustment）。所以换句话说，所假定的是一层心理的基础，这心理基础无形中也是那比例中土地一项的重要原素之一。

总之，只就土地一项来说，其背后势力成分之复杂，凡物质的、生物的、心理的和文化的根据，已一个也不缺乏。现在再看人口一项如何。

二、人口

这比例的前一项是人口。这里的人口乃言人口数目。人口数目跟土地数量一样，也是人类生活情势中另一主要的原素或变数，不过这变数本身的背后仍有许多更基本的变数的。人口的增加老是紧迫着土地的给养力，且往往超过它所能担负，这是一条生物的定律。所以人口这一项第一便是生物的（生殖力）现象——为生物的势力所决定。

可是在人类社会中，这比例中的人口一项，如土地那一项一样，并不仅是单纯的量的事实，因其中尚有一大质的因素，那便是生活程度（Standard of Living）。人类不是只求生存的动物，其所以别于禽兽是在不断的追求更高的生活程度。在有限的土地及其担养力之下，在某一有限的技术阶段之下，为要维持或提高某种生活程度，人类则发明种种预防的、积极的、消极的方法，来抵制生殖力，节制人口，由是在比例的前一项又能作相当的操纵。

但生活程度本身是一种文化特质——德型的最纯粹的产物。（注一四）它是衣食住等物质享受上、合体和适当与否的准绳。这准绳在小团体中是传统的习俗的。一个人对于其团体的生活程度，顶难置之不顾，而行其自己之所是。生活程度是靠着怕社会的谴责心而维持的。一若一个人如不遵守这传统的社会标准，便有伤其团体的尊严与体面。尊严与体面的标准和规条都是在一团体的德型之中，深入人心，使大家就范。从个人方面看，生活程度与个人的自尊心、义务心等相关甚切，同时与纵乐的欲望、奢华的倾向等也大有关系。

由这可见，就人口一项言，其背后最少也有生物的、心理的及文化的势力在那里支配着。

三、人地比例的真义

从以上土地与人口两项的分析，我们可断言这一比例绝不是最后的东西，在每项之背后，实还有各种势力活动着。最后这比例只可算为许多势力所会集而出动的枢纽，或出动所常经的总站，由这枢柄或总站出发而影响一切社会现象。孙末楠根据这比例定下他的人口律为：

> 在某一技术阶段和某一生活程度之下，人类人口总是增加到尽土地给养力所能维持的那一界限。（见恺莱：《社会的演化》，页二四。）

其实按孙末楠的土地与人口两词的涵义，用经济学的概念来讲，所谓土地与人口的比例，即等于生产与消费的比例。也许这后者的说法表现这比例的定义较为切当。但无论如何，这比例中显然有四个变数，如下图：

这四大变数是不断的变动或增抑更改，但比例之为比例是始终如一，始终保持着平衡。新的土地发现或移民和技术进步的结果，有二个可能：甲、人口增加，乙、提高生活程度。假如土地数量不增加，技术不进步，而人口独增加，结果生活程度一定低降。假如人口数目不变，土地数量不变，而技术有进步，则生活程度一定提高。在固定的生活程度之下，纵使土地数量没加多，只要技术有进步，人口仍有增加的机会。反之，技术不进步，而土地数量增加，情形亦同。人口与技术的变迁是正比例的，人口与生活程度的变迁是反比例的。总之，其中虽变化多端，而平衡终不能破坏。这是人类社会最基本的一个事实。

孙末楠以这四个变数的不断的新凑合，为一切重大社会变迁的真实解释。（注一五）他甚至说："在这观点之下，历史可以视为人地比例中的变动之表现。"（注一六）这个比例决定一时代、一社会的社会结构（尤其是阶级结构）的式样，社会历程（如生存奋斗、竞争与合作等）的情状，社会秩序（如民风、德型、制度等）的形态。这个比例意义之重大即在此。我说孙末楠侧重经济事实和势力，亦是以此为一大证据。

这比例难已将各种势力都包括一点，但仍不足以概括或代表孙末楠所提到的种种社会势力，所以我们另开以下各节，重新将其所说的社会力分类，并有秩序的介绍一下。

第三节　社会的物质势力

在"人类行为和社会现象是为地球性质和人类性质所决定"这一句话中，就可见孙末楠对于社会的物质基础之认识。我们说过，这地球一词是广义的，包括天文、地理、地质、物理、化学及生物的。我们现在姑暂且撇开生物的势力不论，而先言孙末楠对物质势力于社会之影响的看法。

地球是一切生命之母，生命定律绝不能违反那统制地球的一切自然势力及其法则。自然势力能够助长生命，也能够摧残生命。

它们对人类毫不偏爱，毫不优待。人类如其有权利生存和发展，完全要凭借自己的力量，去顺应其物质环境。过去人类在生活上获到相当的成功，以为能控制自然，其实无一不是服从自然。人类之所以有文化，所以超过其他动物，只在于这种服从自然的本领较为高明，不断的在生活上一切微末之处对自然谋适应，以达其厚生及传种的大目的。人类利用物质势力也好，或被物质势力所扫荡也好，而人事直接间接受物质势力影响之大，实不可以数计，且为吾人平常所不觉得。现请看孙末楠的一段很明白的话：

> 为所欲为，这种自由，不是这人间的事情。原因极简单，因为一切人类的及世上的存在，全为物质事实所决定。人的生活是被一种自然势力的平衡所包围与限制。这个平衡，人类永远不能扰乱，并且非在其范围内寻求机会不可。……人一定要从地球中取得其生活资料。这样做，他必须应付那些支配植物生长、动物生殖，及矿中金属的结合性等之种种势力。他必须应付土壤和气候的情势……

此外，孙末楠当说到生活情势时，也特别提及地文、气候、气象等。（注一七）不过他自己却没有在这方面怎样发挥。

第四节　社会的生物势力

上节说过，所谓地球（即自然环境）本也包括生物的原素的。地球上动植物的状况和数量的多寡，也是人类生活情势中一个要素，尤其与经济生活有密切关系。所以自然界中生物界的势力亦足以相当影响社会现象。

同时人类本身亦是一种动物，其生活中的生物基础自更为重要，更为明显。第一，如本章第二节第二项中所说，人类的生殖力及人口律，便是一大生物势力的表现。其对社会现象意义之重大，以孙末楠的一句话，即可表示：

> 人口的增加往往超过给养的能力，这个不变的趋势乃使人口分布全世界和产生文化上一切进步的势力。（《事实的挑战及其他》，页二三，参看《社会各阶级的关系》，页六三。）

第二，性别现象在社会生活中又是一个极主要的生物特质。两性（Bi-Sexuality）是人类最基本的生活情势之一。（注一八）人类必须为调适的基础。人种之分为两性是人类学最重要的事实。（注一九）男女在生理上结构与功能的差异，决定了家庭生活，而间接影响社会生活之其他一切部分。

此外，孙末楠有时也引用"营养"（Nutrition）、"生殖"（Reproduction）等生物学的名词，来解释社会自存与社会自续的性质。（注二〇）但他对其余生物的势力——如变异、遗传，及种族等——在社会现象中之地位，并无什么表示，我们这里自然也只好付诸缺如。

第五节　社会的心理势力

孙末楠一生虽比较偏于着眼人类实现化、客观化、行为化、物质化的那一方面的文化本质，但为澈底解释这一方面的文化本质，他也不能不诉诸许多心理学上的基本概念，因为心理与文化在在有不可分离的关系。社会之心理基础，谁都承认其重要。在孙末楠所引用的许多心理学概念之中，最重要的无过于他所谓人类行为的四大动机（包括兴趣）。其次如感情、智慧、本能、习惯、模仿、同情等，均有所论列，今于以下就序分述之。

一、人类行为的四大动机（注二一）

孙末楠说：

> 人类动作有四大动机，当人们在同一生活情势下接近的时候，这些动机便开始活动。它们是饥饿、性爱、虚荣，和恐惧（指对鬼神而言）。在这每个动机之下，有许多兴趣。生活即寓于兴趣的满足中，因所谓社会中的生活者，不过是人类向着物质环境、社会环境，施展其活动和努力的一种事业。（《民风论》，页一八——九。）

在这一段话中，他告诉我们"动机"与"兴趣"之关系，据他的说法，好像动机乃兴趣之母，从每个动机会生出无数琐屑的趣味。所以趣味可以目为一切行为的当前直接的"动机"。（注二二）孙末楠平时又喜欢以"需要"一词来与"动机""兴趣"等并用，但似乎以为需要者乃那些更基本的、有生理上根据的"动机"。（注二三）反之，通常所谓欲望，在他看来，恰与需要相反（注二四），欲望者乃许多浮泛的、零碎的、超腾的兴趣，不像需要那么样坚实、有定，而基本。有的欲望离开需要之远，以其所引起之行动言，往往与需要的满足背道而驰，虽然一切欲望分析到最后，都有需要上的根据。在文明社会中，欲望在人们行为上的地位是很重要的，因为基本需要的满足在他们是不成问题。所以，文明人的生活，粗看起来，好像是由许多满足虚浮欲望的行径所造成。这现象在于生死线上奋斗的初民中，自然差得多。

孙末楠以为饥饿、性爱、虚荣和恐惧四者，在普遍使用上，是已将人类行为的各种动机包括得很详尽。此四者之中，饥饿与性爱要算最为基本，可等于需要。不过这两者在他又是广义的用法。饥饿两字包括从胃中间歇的饥饿感觉，以至一切身体上的不舒适的感觉，和一切驱使人们追求物质上基本需要（以食、衣、住为大宗）的满足之兴趣。（注二五）用饥饿一词，目的是要表示这一个动机本是一个最后不可动摇的事实。它是社会中最强有力的势力，不满足它，结果是弱与死。总之，它是生命之基本行动。但这里有个条件是饥饿所代表的一类动机，不能超出满足基本需要（Bare Necessity）的范围过远。不然，它们就不是饥饿动机，而变为虚荣动机所代表的自尊心、体面心、荣耀心、奢侈、浮华、纵乐等的冲动或兴趣。也可以说，它们是从社会自存的范围，进入社会自享的范围中去。饥饿这动机最贴近于实在，因为它是必须满足，不像别的那样可以升华、转移、代替或俟延，所以在它的手段与目的之间最不容那虚幻的成分存在。

性爱两字包括性欲及其直接所生之冲动，但据《社会的科学》所表示（注二六），似乎也包括浪漫恋爱（据说是社会演化后期才有的）、夫妻爱及亲子爱等。性爱虽也是最基本的动机，但若以其冲动性说，却不如饥饿那样定时、巩固、持久；并且一时不得到满足，结果也不像不满足饥饿那样重大，虽然当性爱强烈冲动时，往往会连生存亦置之度外。性爱自身并不能产生巩固和持久的组织。

饥饿和性爱两者已足以产生社会，已足以满足社会自存与社会自续的条件。人类社会虽有许多五光十色的上层结构，而这两个基础是无时不存在的，并且是互相影响，互相缠结得不可分开。

虚荣一动机不是单指虚荣心而已（注二七），它是用来代表那些与它相近的冲动的，实则包括自尊心、体面心、自夸心、好胜心，以及奢侈、浮华、纵乐、特殊嗜好等；总之，包括社会自享（Self-Gratification）的一切兴趣。虚荣是其中最有力，最富社会意味的一个，故以它为这一类动机的代表。孙末楠所说的"虚荣"与心理分析学家所谓"自我"（Ego）意识很相近。这种心理是建筑在人与我的分别上，所以虚荣心一定要在社会中——人与人的相处间——才有的。它是求这"自我"的优越、出类、超人的权力、成功、荣耀、夸奖。即汤麦斯所谓"承认欲望"（The Wish of Recognition）。据孙末楠说，不但个人有虚荣心、阶级、国家、种族也都有，并且其强烈程度往往比个人的还无理性得多。（注二八）

虚荣所代表的其他一部分社会自享的兴趣是奢侈、浮华、纵乐和特殊嗜好等——赌博、消遣、娱乐，以及各种艺术都在内。这些全不是要生存与传种非满足不可的基本需要，乃是升华作用的欲望。虽然需要与欲望的准确界限是很难定，但以大体言，社会自存，社会自续与社会自享是有分别的。从一方面看来，虚荣与纵乐等动机可以视作接生在饥饿和性爱的动机之上；饥饿与性爱若得不到最低限度的满足，虚荣和纵乐自无用武之地，至少活动的机会也极乎有限。但这不是说这后者不重要，其实它们是人类社会最主要的特质之一。它们虽不是基本的需要，然而在人类（尤其是文明人）行为上力量之大，亦大可惊人。并且，据吾人知识所及，自有原始社会，就有它们的地位。

至于恐惧一动机的"恐惧"两字，按孙末楠的用法（注二九），是狭义的。它并不是泛指人类心理上的一切恐惧，也不是指他们对于生活上不幸事或不如意事所直接感到的恐惧，乃指其对于人生不幸事的虚构原因（即鬼神）的恐惧——对于神秘和超自然势力的恐惧。所以《社会的科学》中说这种恐惧动机并不像饥饿与性爱那样纯朴、初始和基本，而不能用纯粹生理学上的名词来解释的。（注三〇）但其在人类社会中之重要并不怎样在其他基本动机之下，最原始的人类即受它支配，而且在人类历史上造成了一大组织（宗教），影响整个社会生活，在社会心理基础上占了一大要素。

其实对于鬼神的恐惧，最后也是为着生存的幸福：若不是与利害有关，根本这恐惧便无从而起。所以恐惧一动机也是与其他积极的动机连在一起的，并不是完全独立存在。

由这以上对于孙末楠四大动机的意义的分析，我们可以总结的说：这四者虽皆为人类社会所不可缺少的动力，但饥饿与性爱二者却比较是更为基本。与其互相关系言，它们是缠结得很难分开，并且成为一个系统如下图：（注三一）

在这图中，居中的是饥饿与性爱两最基本动机，在这二者之后是恐惧。把恐惧搁在饥饿与性爱之后，是因为它的性质是比较消极的，它所引起的行为不是直接满足饥饿、性爱和虚荣等动机，乃是间接由崇拜鬼神或制服鬼神而达到人生各兴趣的满足——虽然这仍只就目的而言，并无客观的实在为根据。反之，在性爱与饥饿之前则有虚荣，这个前置的地位是用来指明这个动机是依附、寄生在基本动机之上的，它是要以基本动机为根蒂的。同时恐惧与虚荣也并不因中间有饥饿与性爱隔着，而无直接关系；其实它们间的互相依赖，互相影响是非常密切的。

这四种动机在社会学家眼中之所以重要，是在他们的社会性，所以孙末楠叫它们为"社会化的势力"。（注三二）他的意思是一切社会活动，人与人的结合和结合的保持，都是因为受这些心理势力的驱使。没有它们，也许压根儿社会便不会有。但这不是说这些动机便是所谓"社会本能"。孙末楠与恺莱是明白反对社会本能说的。（注三三）他们承认这些势力同样的可以引起使社会解体的行为——如战争的直接结果。人类社会的形成不过是社会化和反社会化行为的演化产物。饥饿、性爱，乃至虚荣，最少一部分可以说是本能的，但它们合起来使人与人产生结合的趋向则不是。虚荣与恐惧之为社会化的势力比较饥饿与性爱，性质稍有不同。四者之中唯饥饿与性爱才有创始和发起社会的资格，而其余二者不过是帮助着保持社会的结合。

我们于上章已说过，人类一切重要的活动，社会的一切基本功能和结构，都是以这些动机为核心的。这些动机是目的，而民风、德型、制度是手段。除虚荣之外，在其余每个动机的四围是层层民风、德型、制度包围着，织成一套系统，产生一大组织，合这些系统便是整个社会生活或社会秩序。饥饿所造成的是经济与政治系统，性爱所造成的是婚姻与家庭系统，恐惧所造成的是宗教系统。虚荣一类动机所产生的只是一些依附在其他基本系统之上的小系统，因为因为其为动机本来就是依附在别的动机之上的。

二、情感与智慧

甲、情感——孙末楠绝不是一个心理学家，他的社会学观点也绝不是偏于心理方面。他对于社会的全部心理基础并没有做何有系统的分析，在其著作中不过是零零碎碎的引用心理学的概念。他对于动机与情感根本就没有分别，这一点以他所举的动机即可证明。其实他以为情感在人类行为上的力量是非常大的。他说情感是人类动作的源泉。（注三四）也许因为他受了英国边沁（J. Bentham）等的快乐主义的影响，他对于快乐与痛苦（Pleasure and Pain）两种情感，看得特别重要。当他说到此二者在产生民风的历程上的地位时说："人类能够分别快乐与痛苦这个能力是这里所假定的唯一心理力量。"（注三五）他说德型也是基于快乐与痛苦的情感之上，这两种情感可以直接产生动作或引起某种欲望为动作的原因。（注三六）

孙末楠是极端否认世间有所谓绝对和永久的善恶标准的；以为在大多数的人，团体的德型便是善恶的标准。但他说到德型的好坏时，则以为德型的好坏要视它能否适应（即满足）某一时地下的兴趣或目的而定；（注三七）其好坏的程度也是视其满足兴趣的程度而定。（注三八）但凭什么而定兴趣是否满足及其满足的程度呢？孙末楠的答复是只要以快乐与痛苦的情感来做标准，所以他以痛苦为民风、德型的变迁——即重新调适——的一种心理动力。（注三九）这就可见其对快乐与痛苦两情感之重视。

孙末楠平常又喜欢用"情操"（Sentiment）一词来解释人类各种社会行为，但也始终没有说明其意义。

乙、智慧——孙末楠的思想很显然是近乎反理性主义的。他不但以为人类行为和过去社会演化多是循着本能的"试与错"一条路走，他甚至很过火的说，"观念"是没有力量的。（注四〇）但我们细考他的全部思想，则知道按他的原意，这观念两字并不是指人类真实的知识，乃是指主观的意志和不根据客观实在的观念。他所谓"人类历史上什么势力都有，而只没有伦理的势力"（注四一），也是此意。这话中是否有语病？错误观念和主观意志是否在历史上真没有势力？这当然是一大问题。其实在我看来这是孙末楠思想中一大矛盾。但这个问题不能在这里讨论，我们这里所要说明是孙末楠不但不否认知识有力量，并且是对它非常重视的。（注四二）他说："过去人类在这地球上之所以能够更好好地生活，大半是靠着知识。"（注四三）关于知识与将来人类的幸福，他说："假如人类果从苦难与悲惨中拯救起来的话，那这救星一定是知识和使用知识的训练。"（注四四）

但知识本身不是心理势力，而是一种文化特质。知识的心理基础——能知的心态，即智慧——才是心理的势力。一说到知识，当然背后是假定有这个心态，虽然孙末楠并没有很常提及智慧本身。

三、本能与习惯

甲、本能——孙末楠正好是生在本能说很甚行的时候，所以他也并不例外的引用了这个意义不很清楚的概念。当他说到民风的起源时他说：

> 普通大家大概都承认人类从其动物祖先遗传下来一些供为引导的本能，这也许是真的，虽然一向没有证寔过。假如真有这种遗传，那它们就会控制并帮助人类最初满足需要的动作。（《民风论》，页二。）

讲到民风产生的历程时他又说：

> 人从其动物祖先遗传下来心理和生理的（Psychophysical）特质、本能，和机巧，或最少也遗传些某种的倾向，这些东西帮助人去解决其食物供给、性的关系，及虚荣等的问题。这在现在已是公认的意见，而且大概是对的。（《民风论》，页一九。）

孙末楠根本就把民风看为本能活动的产物，而不是有意识的思想的产物，并且他以为以过去社会变迁论，寔在的变迁多是那些看不见的、一点一滴的、零碎琐屑的动作或行为的变迁，而慢慢由个人的习惯而变为社会的风俗（民风）。至于那些嚣张的、高调的社会思想，目的在顷时内大规模地改变社会生活的，结果终无非是失败。所以在他看去，那种从本能出发的、自动的、自然而然的、不知不觉的变迁比较是靠得住、站得住、有去处、有归宿的变迁；而那种从理性、思想、主义出发的，有意识的自愿的变迁，往往结果是混乱、游移、彷徨，而最终又须循着上一条路走、混乱的局面才得收拾。终之，最少这后者一条路也不是过去社会演化的常轨。

在这个观点之下，当然本能的价值是抬得很高的。孙末楠明白告诉我们说人类一离开本能而别有所依靠，则往往错误横生，初民的愚昧就是因为离开本能而更踏进一步的缘故。他自己是这样讲的：

> 一旦本能停止为生物（包括原人）的唯一统治者，这后者（指原人）在其生存奋斗中一定会弄出种种错误来，而这些错误将结束其整个生命事业；幸奈他有本能和对于他人已成功的行为的模仿，作其引导。……魔术是超出本能范围的生存奋斗的直接结果。(《民风论》，页五。)

乙、习惯——孙末楠虽生在行为主义和交替反射等学说之前，但习惯一概念在其学说基础中已是占个极重要的地位，因为他的民风一概念便是建筑在习惯一概念之上的。他说：

> 民风是许多个人的习惯和社会的风俗，这些习惯和风俗是起于满足需要的势力与动作的……(《民风论》，页 iv。)

这里所谓"许多个人的习惯和社会的风俗"者，不过是一件事物的两种说法。一个个人的习惯虽不能算为民风，但一个团体的某一民风往往最先总是起于个人或极少数人的习惯的。民风的许多性质便是由习惯的性质所决定，民风之所以那么有力，便是因为从个人方面看，它就是他的习惯，它是深入个人的人格里头去，

64

而不是离开个人而存在的。孙末楠虽撇开个人的习惯而专谈社会的风俗，但社会风俗之有个人习惯为基础，两者在性质上在在之不可分开，自然是为他所承认。

四、社会心理——暗示、模仿和同情

在孙末楠生时，群众心理已经是社会学界和心理学界很时髦的一个题目。孙末楠对于这个题目的反应，大体上是很同情的。虽然他不一定那么极端的相信"群心"（Group Mind）这东西，但他却明白承认个人在群众的反应与个人离开群众的反应显然是有不同的。他说：

> 看来好像群众中有一颗心，与构成这群众的个别分子的心不同的。实际上已经有人采用这学说。脑筋强健的人，由自己暗示（Autosuggestion）产生了种种观念，而这些观念由暗示作用从各个人的脑中传布出去。与这观念相合的动作大家模仿。在人与人之间有所谓"给与取"。这个历程是不断的在发展中。新的暗示，此一点、彼一点的进来，又流布出去，它们与现有的合并起来。每个新步骤对论点的数目都有增加，而这些论点在别人脑中也可以抓住。大的发明好像就是由这个历程产生出来；知识的得到和伸展也是由这个历程。似乎群众有一种神秘的力量，大过其份子的力量之总和。（《民风论》，页一九。）

孙末楠认为暗示与模仿是民风产生的历程中顶重要的两点，

所以我们把这二者留在下章讨论。严格的说来它们实在是社会历程中的一部分，而不是真正的社会的心理势力。

对于"同情"一方面的社会心理，孙末楠并不把它看得特别重要。他以为人类的同情心不是天赋的，乃是起于人与人相处或共同生活中的亲密与习惯。（注四五）母子间及家庭中之所以为同情心最发达的所在，就是因为生活亲密，彼此相知得非常清楚，并且兴趣相同，利害与共；同情心便是在这共祸福、同甘苦中培养出来的。（注四六）同情心之所以只是"内群"同伴间的现象，原因是一样的。（注四七）并且孙末楠以为一个社会的份子间，同情心浓厚与否、发达与否，乃是被这社会的生活情势——尤其是经济条件——所决定。（注四八）假如经济形势不好，生存奋斗困难，人与人间竞争猛烈，同情心是没有发达的机会的。

第六节　社会的文化势力

一、文化的本质

甲、文化的定义

孙末楠对"什么是文化"一问题，并没作过正式认真的解答，虽然在他的观点中，在他的终身事业中，文化一概念是占着那么样重要的地位。但在他的著作中我曾找到一句极简短的、关于文化的意义的话，他说："文明者意谓在这地球上生活的艺术罢了。"（注四九）孙末楠的"文明"与"文化"两词的用法并无区别，所以他这里所说的文明即等于文化。《社会的科学》中也有一句类似但比这更扩充的话是：

> ……人类为解决其生活途术的问题，为想获得关于宇宙中事物的意义，而能够代代相传的知识，而有种种努力。文化便是这种种努力的堆积的产物。(《社会的科学》，卷三，页二一六六。)

在间接方面我们又可以看到孙末楠把文化 —— 生活的艺术 —— 认为是一种超机的系统。(注五〇)虽然它也有生长和朽腐，旺盛和衰落的现象，但它不是物质的或有机的。关于文化是属于另一范畴的结构，他有一节很重要的话：

> 这样地建立的结构不是物质的，乃是社会的和制度的。这就是说它是属于一个必须独立地定义、独立地研究的范畴。在这个范畴中，风俗产生了继续性、连结性和一致性，因此结构一词可以正当地应用到社会关系及规定地位（译者注：指个人或团体在社会中的地位）那种组织上去。这些社会关系和地位永远是与社会功能相关着。(《民风论》，页三五。)

乙、文化势力与他种社会力

一个社会中的生活方法，所谓超机系统或另一范畴的结构，穷其根蒂，本身原就是其他一切社会力（物质的、生物的、心理的等）互相冲击、互相调剂的产物。不过这产物既成之后，自己却也一变而为最有力的势力之一，也登上诸势力会聚排演的舞台，当个最重要的角色，与其他一切社会力不断的互为因果，演出了这形形色色的社会现象。其实文化势力在孙末楠看来是诸势力中最主要的一种社会力，虽然他没有明白这样说，稍为翻过《民风论》一书的人对这话当不至有异议。本节以下各项所述不过是几个例证。

丙、文化中的"物质"方面与"行为"方面

说到文化的内容时，我们往往把文化分为精神文化和物质文化两方面，这两方面本来是很难分开的，如恺莱所说（注五一），文化是一种心理的适应（Mental Adaptation），物质文化乃精神文化（尤其是观念）的物质化、客观化、实现化罢了。孙末楠在这一层也并不分得很严紧。以他那么样看重经济的眼光，自然非但对物质文化不轻视，并且是比别人更看得重要的。但他对于文化的其他一面也是不断地着眼的，也是时刻不离他的脑际。当他分析民风、德型等时，差不多整个的精力都注在其中精神那一方面。其实这里用精神一词有点不妥，不如用"行为"两字较为切宜。因为孙末楠所谓民风，其中最重要的部分是一套行为系统或行为模式，它不但包括意识中的观念和兴趣等，最要紧的还是动作与习惯。孙末楠这种以民风的基本部分为行为模式，在派克看来，是很重要的一点。（注五二）至于民风中这行为部分与物质部分（包括一切经过人工的制造物，如工具、战具、机器等）的关系，孙末楠有一句话很明白的话，他说：

> 这些历程（译者注：指初民技术中的动作部分）是民风。制造物（Artifacts）乃工具和战具，靠着它们的用处，他们能相当限制或影响民风，并且变成民风的一部分。（《民风论》，页一三二。）

这里所谓制造物自然不是这例子中特殊民风（技术）的出产品，乃是指这特殊民风所利用去生产的物质的东西。多数的民风（自然不只技术）当其在行为上表现的时候，常常连带须用到某种物质的东西——并且这些东西多数都是经人工做的，所以孙末楠把这些东西也认为是民风的一部分。这事实一面表示文化中的行为部分与物质部分关系之密切，另一方面又可以表示孙末楠没把文化分得怎样严格。不过我们为便于分析起见，权且将物质部分与行为部分分开来讨论。所以以下虽仍用民风、德型、制度等词，而实是专指其中的行为部分。

二、资本的势力（注五三）

我们说过，孙末楠对于文化中的物质部分与其对于文化中的行为部分，是看得一样的重要的。他治经济学虽是在早年，但他的经济的观点，始终不变。所谓文化中的物质部分，虽然其成分也是十分复杂，但在大体上是可以用资本来包括的。按孙末楠的资本一词的用法，凡一切财富、一切经过人工而且有用的物质都可算为资本。《社会的科学》声明说资本一词的意义在他们是为确保自存奋斗的成功而积蓄起来的能力。（注五四）至于资本又可分为给养资本和生产资本，那与此处没大关系。

人类最初的状态是毫无所有（注五五），不过这也只凭推想所得，我们所真知道的最古和最原始社会都是有相当合乎资本条件的东西。（注五六）最初开始积蓄资本的动机也不外饥饿、性爱、虚荣及恐惧四者。（注五七）但在积蓄资本这行为的背后有一个先决条件是：必须有些微先见或远虑（Foresight）。（注五八）人之所以异于野兽，最初就是因为有这先见和资本的积蓄。（注五九）资本的增加就是人类控制自然的力量的增加。（注六〇）不但是控制自然的力量增加，也是对付同类竞争者的力量的增加。（注六一）假定其他的要素不变，社会福利是与资本的增加成为正比例的。"从始以来，人类所赖以赢得并保住每步文化发展的工具是资本。"（注六二）

孙末楠说："一切资本是力量。"（注六三）资本是机会，是文化的基础（注六四），是文化的脊骨。（注六五）"没有资本无论向何所选择的方向，一步也不能动。"（注六六）"资本曾经将组织提到老是更高度的复杂性和效率。它曾使人享唯一自由意义之下的自由……凡是使资本减少的，都是与社会的福利相背驰……"（注六七）"假如非靠资本，奴隶与农奴制度绝对不会废除。"（注六八）

总之，孙末楠是说尽极端的话，来表明资本是最基本的社会力之一，来表明它是文化、社会现象、社会福利，及社会进步等的动因和磐石。我们要知道孙末楠对资本之重视与其对人口与土地的比例之重视是同出一辙。我们也要注重这物质文化的势力，正如民风和德型的势力一样，本身原便是其他一切社会力的产物，不过当它既形成之后，自己也变为主要势力之一，且影响到其他势力的活动。

三、民风、德型和制度的势力

甲、概念的解释（注六九）

为阐明民风、德型和制度之为社会力，必须先将这几个概念简括的解释一下。这三个概念中民风是最基本的，在产生历程上是最原始的，同时可以说是超机系统中的单位。其余二者不过是民风进一步二步的发展的结果，所以它们的许多性质都为民风的性质所决定。

人生的第一件事是生活。有生活必有需要，有需要在心理上则有种种动机（最重要的为饥饿、性爱、虚荣和恐惧）。有需要与动机则必须满足。人类满足当前特殊需要和兴趣的方法，总是先动作而后思想。最初的动作有本能为其引导，有快乐与痛苦的情感为其轨范。某种满足得较好的动作于不知不觉中被选择，且因屡次重做的结果，而变为习惯。人是生在团体中，这种对于自然界而言的生存奋斗不只是一个人的事，是大家的事，是大家通力合作，一致行为的事。因为彼此处境相同、兴趣相同，凡是较能满足，较为有效的动作或方法，由经过合作、竞争、暗示、模仿等历程，大家一同采取。自然这采取也是不知不觉的、没人预先计划和联络的。由是一个人或极少数人的动作和习惯变为社会的风俗。所谓社会的风俗便是民风。

但这不是说一切民风都可用功利一说来解释的。虚荣与恐惧两动机也产生了许多民风，有的与实际利益显然相反。一阶级的武力与权力有时也会产生与大众利益冲突的民风。不过无论何时何地，人的大目的总是尽量好好的生活。无论如何民风总是生活方法。它的范围即等于整个生活范围。所以不但在经济生活、两性及家庭生活、宗教生活、娱乐及虚荣等生活上有民风，凡在一切人与人的关系上和人与自然的关系上无不有民风。所谓社会生活不过是创造民风和应用民风罢了。

民风性质中最重要的几点是：1. 它是一个社会中的大众的现象

（Mass Phenomenon）；2. 它不是有意识的理性的产物；3. 它会代代相传，换言之，有社会遗传性的；4. 它的范围伸展到生活的全部；5. 一个社会的民风，就其大体言，就其彼此关系言，它们有一种一贯性（Consistency），相合相成，打成一气，互相影响、纠缠、扶持和牵制，俨如一个系统；6. 它不是一成不变的，无时不是趋向更圆满的适调；7. 最后，也是最紧要的一个，它是社会力。这就是这里所要从长讨论的。

有的民风在生活上意义比较重大，被大家视为社会福利所系。民风中一加上这种"与福利有关"的观念、信仰、情操（无论是怎样粗薄），以及伦理哲理的思想，这民风便变为德型。它是进入另一阶段，虽然这两阶段的界线不能很清楚的指定。德型一面既带走民风的所有重要性质，一面又加入观念、信仰、情操等一批心理的生力军，其为社会的势力自然更为雄厚，其所支配的社会生活自然更为重要。

德型若再进一步发展下去，其中的观念部分愈明晰，理性成分愈发达，目的与手段的关系愈看得清楚。其中的物质部分及结构愈完整；它则愈变为实际的、功利的、机械的。这时候这德型又进入一阶段，变成了制度和法律。在制度与法律下的行为是有意识的，在民风与德型下是无意识的。制度虽可不由民风德型而生，但主要的、巩固的、强有力的制度都是从德型长成的。

所以，民风、德型和制度是一套或一串东西，其为社会力的性质是一样的，若有差别也只在程度上有点不同。孙末楠对这一点虽没有明白表示，但也可以看出他是以为德型在三者中是最有力。民风虽为最基本，但它缺乏"应该""正当""善""道德"等的观念、信仰和情操在内，其为社会制裁的力量自不如德型。

制度虽是三者中最发达的，但便是因为它太发达了，理性的色彩过浓，派克所谓太凡俗化（Secularized）了，不如德型那样为信仰和情操所捆住。而德型则具备一切规范人心的条件，所以它是最有力的。《民风论》一书中说明德型之势力的部分亦居多。不过民风与德型两词孙末楠自己常常混用。我们对这一点认识清楚之后，以下就不把它们分开来讨论，而把它们合起来当为文化的一方面看，并考究其为社会力的性质。

乙、其为社会力的一般特征

我们说过，所谓民风、德型、制度无非是社会行为模式，换句话说，即固定化、标准化的社会行为。所谓社会秩序的"秩序"两字便是指此而言。社会秩序本身虽是一切社会力的产物，但当它既成为秩序之后，也变为最重要的社会力之一。就是因为它有势力，它才能成为秩序。所谓社会制裁者便是社会秩序的势力的表现，而这社会制裁不单是消极的制裁——如刑罚，最要紧的是无形有形的、细微琐屑地支配整个社会生活。现请先看孙末楠如何论此势力对社会之重要。

> ……由是它一跃而为一种社会的势力，一大宗的社会现象都是因它而起。……我们要把它认为最主要的势力之一，社会之所以如是，乃这些势力所造成。（《民风论》，页三。请参看页 iv。）
>
> 结果所得的民风是有压力的。一切都被迫与它相合，它占上风地统治了社会的生活。（同上，页三八。）
>
> 以上的分析与定义指明说我们要于德型中承认一种在历史上称霸的势力，它制定了什么是可以做的，和什么方法是

可以用的条件。（同上）

在这每一种社会情境之下，每一现象产生的最大理由是它与其时地的德型相合。历史学家往往附带认识到这种决定势力的活动。现在我们此处所主张的是：它绝不是附带的或从属的，它是无上的和制御的。（同上，页三六。）

在这一个时候民风供给那时地生活上一切需要，它们在那团体中是一律的、普遍的、命令式的和不变的。再遇一时它们变成更武断、积极和命令式。（同上，页二—三。）

民风德型其在社会生活上势力之大，固无疑问，但我们要问一句：它们何以会这样有力？其力是从何而来？孙末楠对这问题的答案大体如下：

1. 它们是个人的习惯。由习惯和风俗它发出一种压力，在于其范围内的每个个人之上。（注七〇）因为它们是习惯——并且是不自觉的习惯，因为它们是人格底里的东西，致人全身受其束缚而不感到什么。这即孙末楠所谓"在民风下的动作是无意识的和非自主的，所以它们有一种'自然的必然性'（The Character of Natural Necessity）"。（注七一）

2. 它们是传统的事实。人对于传统总易于信仰，对于老人的经验总易于尊重。（注七二）过去的人是这样做似乎就证明这做法有价值，且由耳闻目击或真知道前人靠这做法确曾成功过。并且民风德型是今此的事实，最便于采用。事实本身即证明这办法是"行"。或是在没有更好的办法之前，它们还是唯一可用的办法。孙末楠说"德型有事实的权威"（注七三）意即在此。孙末楠讲到民风中所内蕴的"正当"观念时，他说：

民风是满足一切兴趣的正当的方法，因为它们是传统的，并且存在于事实中。……正当的方法是祖先所用的和所传下来的方法。传统就是它自己的保证。它不是留着付诸经验的证明的。正当的观念就在民风里面，不是在它们的外头而自己有独立的来源，和用来试验它们的。在民风中，什么是成规，什么就是正当的。因为民风是传统的，所以它们有包含着祖宗鬼灵的威权。我们到了民风，就是到了我们的分析之终点。正当与应该的观念在一切民风上都是一样的，不过其程度是随着与其相关的兴趣的重要程度而变。（《民风论》，页二八。）

对于传统的信仰和对于鬼神的相信，其中关系是非常密切的。后者能大大增加前者的力量，而往往彼此分不开。

3. 它们是经验的产物。虽有许多民风由功利的眼光看去是与实际的利益相反，但其余的民风——也许是大多数的——的确是经验的产物，尝试与失败或成功的结果，快乐与痛苦的情感所选择的满足兴趣和需要的方法。大家对于这种基本需要所系的、手段价值显而易见的民风或德型，自然是守之唯坚，尊之唯谨。它们不但是似乎很理智、很功利，并且是浓厚的情操的对象，因为它们的安危是与一己和社会的幸福有关的。这是德型中"正当"和"应该"等道德观念的最原始和重要的来源之一，给民风德型等以"力"的要素。

4. 它们是与鬼神的观念纠缠着。（注七四）不但许多民风直接起于对鬼神的恐惧，一大部分的民风和德行——在初民社会差不多所有的民风——都与鬼神的观念相混。人生一切偶然的和不测的事变，都以为是由鬼神所操纵，于是为招福去祸计，必须对鬼神讨好，顺他们的意思。在这演绎的逻辑之下，自然对于祖宗所遗传下来的民风德型，不敢轻于更动，生怕他们的鬼灵发怒。"所以宗教的威权与风俗的威权合成为一个不可分的束缚。"（注七五）为着对于鬼神恐惧的心理及观念，民风和德行的力量也不知增加了多少。孙末楠说：

> 在怕鬼和战争两件事之下，就范和合作行为的义务比在其他事件之下大得多，社会制裁也严厉得多，因为团体的利益成为问题。……这是很可以相信的：权利与义务的观念、社会福利的观念是和怕鬼与死后世界的观念相关而最先发展的，因此在这领域内的民风也最先升为德型。（《民风论》，页二八—二九。）

我们既明了民风德行的势力之所从来，可进一步考察这势力是如何地表现，并且表现至如何程度。最简单的说来，民风和德型是社会环境中最主要的原素。在空间上它们是决定同时代各个人的社会行为，在时间上它们是决定后代人的社会行为。社会秩序之所以能保持就是靠这种势力。因为它们带着制裁的性质，所以它们是社会选择或社会淘汰的主动者。孙末楠说：

> 由是德型……变成全部习俗、礼貌、思想、信仰、风俗和制度的标准，而这些东西拥抱着一个社会的整个生活，并且表现着一个历史的时代的特性。（《民风论》，页三六。）
> 它们强迫并限制新生的一代人。它们不鼓励思想，且却

与这相反。思想的工作已经做过，且合并于德行中。它们绝没有存何准备，以待修改。在生活问题中它们不是问题，而是答案。它们将自己呈现出来，为最后的和不能变的，因为它们所给的答案是献作唯一的真理。(《民风论》，页七九。)

德型是过去时代传下到我们的。每个人生在它们之中，有如生在空气之中。他不想它们或不批评它们，正如在没开始呼吸之先他不分析空气一样。每个都是受德型的影响且为它们所造成，在他还不能够把它们拿来思索的时候。……我们不知不觉地学习德型，好像我们学走路、吃和呼吸一样。(同上，页七六—七七。)

风俗规定一个人的全部行为——他的沐浴、洗涤、剪发、饮食和斋戒。从摇篮到坟墓，他是远古习俗的奴隶。在他的生命中没有什么是自由的、起始的、自发的；没有向一更高更好的生活的进步；没有企图改进他的情况，无论心理的、道德的，或精神的。一切都是这样做，所差者只在有较大的自主变异的余地。(同上，页四。)

关于德型的最重要的事实是它们对于个人的统治。这个人不知道它们起于何时和怎样起法。在他最早的婴孩时期中，一睁开心目即遇到它们。它们予他以观念、信仰和嗜好等的起步的设备，并且引他进入所指定的心理历程。它们常给他行为的规章、标准和伦理的规条。它们有一模范人的模型，用来把他照样模出来，无论他如何，并且也不给他知道。假如他服从和同意，他就被抬举起来，也许即因此而得到大大的成功。倘若他拒绝和违反，他就会被人摒弃，也许会弄到被人践踏在脚下。所以，德型是一架社会选择的机器。(《民风论》，页一七三——一七四。）

> 在一个团体中倡异议，始终是不受欢迎的。……异议似乎有点宣告优越的意味，它会引起愤恨和迫害。倡异议者是叛徒、卖群的，和异端邪说者。

这几段话已将民风德型等的势力的表现方式及程度解说得很透辟，由此可见其对社会份子——尤其是对占社会最大多数的民众——的压力之大，只有极少数的社会精英，稍能作离异的反应或相当转移。（注七六）并且民风德型的势力绝不是暴风雨般骤忽的现象。它们来（建立）既不易，去则更难。此种势力之惰性、持久性、强硬性在凡作过社会改进的人，无不感到的。其他与这势力有关的民风和德行的性质，我们在本篇第四章中讨论。

本章附注

注一　如吉丁斯、汉根史、麦基维、台维史和班恩史等之说法。

注二　《土地的饥饿及其他》，页四二；《事实的挑战及其他》，页一四〇。

注三　参看本篇第四章第一节。

注四　《土地的饥饿及其他》，页三一。

注五　《被忘却的人及其他》，页二五〇——二五一。

注六　《土地的饥饿及其他》，页三一二。

注七　以下，页一九二；《战争及其他》，页一七三。

注八　恺莱受孙末楠影响之深，甚至在其《社会的演化》中（页一六三——一六四）承认马克斯经济决定论中的真理。

注九　详细可看《社会的科学》，卷一，页九八，一五九，一八六，一九五；卷二，页七六五——七六六九；卷三，页一五三二，二〇四一，二〇四三。《民风论》，页四七七。《事实的挑战及其他》，页一八，二九六。《土地的饥饿及其他》，页一六二——一六三，三一四——三一五。

注一〇　《社会的科学》，卷一，页四一一—四二。

注一一　《事实的挑战及其他》，页二九六。

注一二　本节各项所根据的材料最重要的是：《社会的科学》，卷一，页三一六，四一一—四三，四五一—八六；《土地的饥饿及其他》，页三一—四二；《战争及其他》，页一七三——九〇。

注一三　《社会的演化》，页二四。

注一四　《民风论》，页一七一——七二；《社会的科学》，卷一，页七一—七六；《土地的饥饿及其他》，页三三—三五。

注一五　《土地的饥饿及其他》，页三九。

注一六　同上，页三七。

注一七　《民风论》，页一六。

注一八　《社会的科学》，卷一，页一四一；卷三，页一四八五——四八七，一四九二。

注一九　《民风论》，页三四五。

注二〇　《事实的挑战及其他》，页一二七——二八；《社会的科学》，卷三，页一五三〇——五三一。

注二一　参看本篇第一章第一节第三项。

注二二　《民风论》，页三；《社会的科学》，卷一，页二五六。

注二三　《社会的科学》，卷一，页二六—二八；《民风论》，页二。

注二四　《社会的科学》，卷一，页二七。

注二五　同上，页二二—二三。

注二六　《社会的科学》，卷一，页二三。

注二七　同上，卷一，页二五—二六；卷三，页二一—三。

注二八　《民风论》，页二〇〇。

注二九　《社会的科学》，卷一，页二六；《民风论》，页六—七，一八。

注三〇　《社会的科学》，卷一，页二六。

注三一　此图非原作者所绘，乃撰述者代为补充的。

注三二　《社会的科学》，卷一，页二一。

注三三　同上，卷三，页二〇六九。

注三四　《民风论》，页六二九。

注三五　同上，页二。

注三六　同上，页四。

注三七　同上，页五八—五九。

注三八　同上，页五。

注三九　同上。

注四〇　《事实的调整及其他》，页一二七，一三九——四〇。

注四一　《民风论》，页四七六。

注四二　《土地的饥饿及其他》，页一七八。

注四三　《民风论》，页三二。

注四四　《土地的饥饿及其他》，页七三。

注四五　《民风论》，页四九四。

注四六　同上。

注四七　同上，页四九九。

注四八　《事实的调整及其他》，页一二二——二三。

注四九　《土地的饥饿及其他》，页三四一。

注五〇　《民风论》，页 iv。

注五一　恺莱，《社会的演化》，页一八——九。

注五二　来斯编，《社会科学中的方法》，页一五五——五六。

注五三　重要参考材料：《社会的科学》，卷一，章六及章七；《土地的饥饿及其他》，页三三七—三五三；《事实的挑战及其他》，页二〇——二一，四二二—四二三；《社会各阶级的关系》，页六〇—六二。

注五四　《社会的科学》，卷一，页一〇七。

注五五　同上，卷一，页九五——九七。

注五六　同上，卷一，页一六三。

注五七　同上，卷一，页一六七。

注五八　同上；又页一〇〇——〇一。

注五九　《社会各阶级的关系》，页六九。

注六〇　同上。

注六一　《社会的科学》，卷一，页一六六。

注六二　《土地的饥饿及其他》，页三四一。

注六三　同上，页一七七。

注六四　《事实的挑战及其他》，页三九。

注六五　同上，页四二二。

注六六　《事实的挑战及其他》，页一二七。

注六七　《社会的科学》，卷一，页一八二。

注六八　《土地的饥饿及其他》，页一八七。

注六九　这里只将这三个概念，完全照孙末楠的意思，最简单的介绍一下，并不加以分析或批评。详细请看本篇第四章。

注七〇　《民风论》，页三。

注七一　同上，五六。

注七二　同上，一一一一二。

注七三　同上，页七六。

注七四　同上，页六一七，二八一二九，三二一三三。

注七五　同上，页七。

注七六　同上，页九五；《土地的饥饿及其他》，页三四一。

第三章　社会的历程

第一节　小引

社会历程一词无疑的已成为社会学上最重要的概念之一，甚至有人以它为社会学的唯一真正题材。但其成为重要也只是挽近十几年来的事。生在这潮流之前的孙末楠并没有走到时代的前头，以预见和独到的眼光，特别提出这个概念来，加以详细有系统的发挥。但是概念纵使是随着时代而改变，随着时代而涵义更其充实，发挥更其精致。前时代人所见所述，却未必尽是另一回事。孙末楠虽未曾特别标榜这个概念，然其学说中倒也不乏与社会历程理论相同的部分，并且这部分也是他自己所看为非常重要的。我们在参考社会学就近的发展之下，来整理这位先驱者的学说，自应把他此部分材料归入社会历程这一大范畴之中去。

但社会历程的风头在近年来虽是如此之健，其意义却仍是极其含糊。各家有各自的定义，各自一套社会历程的项目（从一个、两个、四个、以至几百个的），各自一种社会历程的分类法。我们此处不能将各家不同的说法，一一加以申诉，所以只好将大家学说中比较共通之点，略为一提，或可借以相当明了所谓社会历程果何所指，并以此作为本章的导引。

也许多数讲社会历程的人不会承认：所谓社会历程分析到最后，原不外是人与人交互行为和集合行为的类型。这种行为的类型也不过是由某一种行为的分类法得来的。把行为分为各种"历程"，与把行为分为各种"活动"是不同的。这不同不在具体现象的本身，而在我们的观点或分类标准上。把行为分为经济的、宗教的和家庭等的活动，我们所着眼之点和分类标准是那些行为所具有的功能。所谓功能就是说，那些行为是为着各种不同的动机或具趣所驱使，是为着满足各种不同的需要而发生。功能的不同决定各种活动的性质，造成极明显和极重要的区别。所以把社会行为分为各种活动，是社会现象的一大分类法（功能分类法），几个主要的特殊社会科学（如经济学、政治学等）都是以此为基础的。

至于把行为分为各种历程，我们的观点是那些行为所表现的社会关系，我们的分类标准不是行为的功能而是那些行为的内在性质。（注一）譬如我们有竞争与合作两大历程之分别，我们根据的是这两种行为类型所表现的人类相克相成，两方面不同的关系。社会学与其他社会科学观点之不同，这种历程看法与活动看法的分别，是其中最重要的一点。

关于历程与活动的关系，我们可以说各种社会历程是寄属于一切社会活动中，我们于一切社会活动中都可以找到历程的作用。这又回到上面所说，此中只是观点的不同，而非具体的现象有别。也许就是为着这个缘故，凡讨论社会历程的人，不是说社会历程是抽象的，就是说它是行为的形式，而非行为的内容；不是说它是不受时空的限制，或古今到处一律的现象，就是说它是循环不已和反复重演的现象。因为各个历程有其彼此连带的关系和逻辑的前后，所以便有许多人说它是有一定的程序，说某一套历程是此起彼继，或此始彼终地发生，说某一个历程对于其他各个都有其特殊的意义。因为历程不但自身是流动不居，并且它的作用便是社会秩序形成和转变的来踪和去迹，所以又有许多人说它在时代性上，是有所引渡与推移。汉译"历程"两字的通常意义即与这最后两种的说法相符。

我们从社会行为中看到历程一方面的现象，这在描写、分析和了解整个社会现象上，是有其特殊的效用，同时也是普通和基本的社会科学所不可缺少的观点。社会历程的最大意义是在使我们了解：各种社会动因是如何地表现于人与人相处中的不同行为上，和这些行为是如何地把一种社会秩序或均衡转到另一种社会秩序或均衡，而不断的这样递嬗下去。若以社会比之一架机器，社会动因则有如机器的原动力，社会历程则可比机器各部的活动。机器各部活动是相连的。活动的结果会将本来的原料，改头换面，造成新的产物。只要原动力不断的在那里推动，机构的活动总是生生不息，终而复始，不断的造成新的产物。社会虽然绝不像一架机器，但为解释社会历程在整个现象中的地位计，这个比拟似尚可适用。

我们说社会变迁的真相在于各种社会历程的作用，这即等于说社会演化（就是"大"社会历程）乃是许多"小"社会历程的综合体。早期的社会学家总是致力于探讨大社会历程的究竟，而挽近学者则注重研究小社会历程，因惟其从小处下手，然后才有抓住大处的希望。我们于此章所述，只涉及孙末楠所论到的几个基本社会历程，而把其关于大社会历程的学说，留到本篇最后一章去讨论，原因就是这大社会历程的综合的性质。

第二节　生存奋斗（注二）（The Struggle for Existence）

孙末楠说："人生的第一任务是求生活""需要是第一经验"。（注三）人类既是必须生活，必须满足需要，对于生活资料来源的物质环境，自然是必须对付。这所谓"对付"可不是轻易的事情。满足基本需要的东西绝不是随手可得的，无论其生活程度是如何之低。自然既不是"生命之筵席"（The Banquet of Life），土地又绝非"自然之赐品"（The Boon of Nature）。（注四）关于这一点孙末楠有几段很有力的话，他说：

> 倘若我们看到任何一部分的自然状态的地面，像它才给与人类时那样，我们所找到的并不是什么礼物或惠物，而是它所递给我们的，一种大得惊人的任务。它是满盖着树木、石头或沼泽，或为各种敌意的动物所霸占，或为瘴气所防守。在这惠物与其为人所用的中间，有许多障碍物必须战胜，有种种危险而辛苦的工作必须完成。假如一个人强健到能够克服障碍，那他就有机会维持他的生存奋斗；不然，他便有可能倒地绝望而死于惠物之前，无一风一叶或一线阳光会变更它们的常态，去帮助或可怜他。当我们与自然面面相觑，而见到它对人类的最初态度时，则知道这以上所述是自然唯一

的态度。我们只好以知识、科学和资本为武装,与之相见,才能够迫退它的限制,并赢得更多和更容易的生存的机会。(《土地的饥饿及其他》,页二三七。)

　　我们在自然中寻不到何种情操,情操都是来自于人的。在自然中我们全寻不着什么倾向,使它的作用合于人的标准,以致所做的都是适意和有益于人。在自然的法庭中一个人并不比一条响尾蛇更有权利生活。他也不比一切野兽有更多自由的权利。他追求快乐的权利只不过是一种准其维持生存奋斗的允许,倘若他能够在其自身找出力量这样做。(同上,页二三四。)

　　一切呈现于我们的事实指明说:人在这地球上所据有的东西,每一件都是由劳苦、牺牲,和血肉争得;所有的一切文明都是靠工作和痛苦造成的。我们所得于先人的一切权利,自由和社会权力都是历史的产物。(《土地的饥饿及其他》,页二二〇。)

　　所以人类生活必需品的取得决不像接受赠物或被邀赴宴那样的容易,而是必须经过奋斗与挣扎的。这种的奋斗与挣扎,孙末楠叫做生存奋斗(The Struggle for Existence)。这个名词本为达尔文所创立,而受意于马尔萨斯的;初被达氏用得非常之拢统,举凡生物对于自然的奋斗、生物间之互相依赖及竞争冲突等,无不包括。(注五)孙末楠也借用这个名词,但在意义上却加以限制,并且非常重视这个限制。他以为许多错误的社会思想,都是缘于不彻底明了这一概念中的不同的涵义。(注六)最重要之点是他要把生存奋斗与生物竞争（The Competition of Life）分别清楚，虽然两者的相关处有不可分开之密切。他说：

> 生存奋斗是一种历程，其中的对手方一造是个人，一造是自然。个人卷入历程的漩涡，由这历程他从环境中赢得所需以维持其生存的东西。在生物竞争中，对手方是人与其他有机体，人与人或人与其相处的植物和动物竞争。(《民风论》，页一六。)

可见孙末楠的"生存奋斗"一词乃是指人（或他种有机体）对于物质的，或无机的自然，所作的种种求生的活动，而不是指生物间的，为生存奋斗所引起的竞争和冲突。他的"生存奋斗"一概念也不是有限于个人的事。（注七）人类彼此的需要既相同，处境又相似，因此大家的问题是一样的。这同一的生存奋斗问题往往是多数人合起来，在通力合作和一致行动下来对付，每人担任整个奋斗事业中的一部分。由是这些人变成一个整体，而生存奋斗变成这整体或许多人的事业。此种现象在组织复杂的人类社会中尤为显著。

但是生存奋斗虽是人生的第一事实（注八），虽是一切社会活动中无时不在的基本历程，具有文化的人类却不以它为止境。人类自有相当积蓄，基本的需要既得满足之后，他们则不安于得过且过的仅仅生存而已。生存问题一得解决，则其所奋斗的不是只为生存，乃是为更高的生活程度（注九）；人类与其他动物之别，此为一大特征。换言之，人类的生存奋斗中的生存两字有质的要素在内，它已含着社会的和文化的意义，而不只生物的意义。

第三节　生物竞争（Competition of Life）

一、从生存奋斗到生物竞争

上文说过在这地球上做生存奋斗的并不只是一个人，乃是许多人和无数的其他有机体，同时物质环境的供给又有限，由是人与人之间、人与其他生物之间，和生物与生物之间，必有所竞争，以决谁胜谁败，谁有资格去享受那有限的供给或较优的分配。在人类社会，人口律与报酬渐减律二者支配着，使竞争成为不可避免的现象。（注一〇）孙末楠把此类竞争现象从生存奋斗中分别以来，而叫它为"生物竞争"。他说：

> 生存奋斗要在生活情势下及与"生物竞争"相关中进行。……生存奋斗是一种历程，其中的对手方一造是个人，一造是自然。个人卷入历程的漩涡，由这历程他从环境中赢得所需以维持生存的东西。在生物竞争中，对手方是人与其他有机体，人与人或人与其相处的植物和动物相争。生物竞争是个人为一己的生存奋斗而卷入的，与其他有机体的斗争、对敌，和互相排挤。因此生物竞争才是社会的要素，也就是它产生了社会的组织。一大数目的人同时存在，并且彼此是互相竞争，这又是另一种生活情势。（《民风论》，页一七。）

> 战争是起于生物竞争而不是起于生存奋斗。在生存奋斗中一个人是与自然争，要从它勒索出生存的资料。当两个人各于生存奋斗中，在一块儿争向自然勒取其所需的供给时，

他们才进而相克，彼此利益的冲突也由此发生。这冲突也许是很轻，很不重要，倘若供给多而人数少的话；不然，他也许是严厉的和剧烈的，假如有许多人争取小量的供给。这种冲突我们叫它做生物竞争。无疑的，人与野兽、爬虫、昆虫和植物——总之，与一切有机的种类——也在生物竞争中，不过我们现只欲注意人事界。生物竞争的强烈程度是人类生存中的根本情势……（《战争及其他》，页九。）

从这以上两段话中我们可以见到以下各点：

甲、生物竞争一历程是直接由生存奋斗所引起。假如生物不用向自然奋斗而即可维持生存的话，假如生活资料是随手可得、用之不竭、取之无禁的话，那便无竞争可言。所以生存奋斗与生物竞争也可以说是一个历程的两段，缺一则不可，即孙末楠所谓"它们是在相关中进行"。但在生物竞争一历程中，对手方是有机体与有机体，而非有机体与物质的自然。这一点孙末楠认为很重要，就是生物竞争所以别于生存奋斗的地方。

孙末楠把生存奋斗与生物竞争二者很严格的分开，这一点似有讨论的必要。他以为生存奋斗是有机体对于物质环境的挣扎，以求适合生存的条件（取得生活必需品为第一义），至于有机体间的互相倾轧，则非生存奋斗，而是生物竞争。我们以为他这样分法在人事界或尚可勉强说得过去，若证之以整个生物界的现象，则此说必将立见破绽。理由如下：虽然对付物质环境是一切生物所不能避免，但生物学家告诉我们说有许多生物是直接靠着其他生物为其唯一重要的粮食，非有此后者根本就不能生存。这岂不是说他们生存奋斗的主要对象是其他生物，而不是物质环境？这么一来,孙末楠的生存奋斗与生物竞争,岂不是没法分个清楚?
他这个分法在人事界尚可以勉强自圆其说的原因,是因为人类除
非遇到特殊情形,是不靠同类为其粮食的。换言之,一个人的生
存奋斗的对手方是人以外的环境,是第三者,而人与人的竞争就
是为着各要争取这第三者所具有的利益而发生。人与人的关系和
人与自然的(包括其他生物)的关系,的确有相当不同。但这不
同并不足以证明孙末楠的这一点学说完全讲得通。凡读过其重要
著作的人,或不难了解孙末楠之有此一层理论的原因何在。在我
看来最少有以下三点:1. 孙末楠虽然明白声明他这"生存奋斗"和
"生物竞争"两个概念,是应用到整个生物界,其实他的注意点仍
不离人事界的范围,所以他看不出自己学说的破绽。2. 不但他的
注意点不离人事界,就在人事界或人与人竞争现象中,他又比较
偏重人类的经济竞争。经济竞争中的一大特征是争取第三者的利
益。3. 孙末楠之所以重视他这一点理论,是他要以此驳斥社会主
义者的谬见。他以为一般过激的社会改造家,往往把人生艰苦的
命运归咎于人对人的剥削(生物竞争),而不知这许多人生的艰苦
中,有一大部分是由于人类控制自然的能力有限。孙末楠以为这
一点思想的错误,是缘于不能分别生存奋斗与生物竞争二者。这
一层意思他在一八八一年写的一篇文章中(见《战争及其他》,页
一七六)及早年的一本著作中,(《社会各阶级的关系》[一八八三
年初版],页十七—十八)即已郑重提出。

　　乙、生物竞争不单是人类界的现象,实在是整个生物界的现
象,人与人的竞争不过是生物竞争之一种。(注一一)这是等于说
孙末楠的"生物竞争"一个概念,实包括从最下等的动植物间无
意识的、无约制的竞争。(注一二)一直到人类社会中最复杂的各

种竞争与冲突。不过人与人的竞争是研究人类社会现象最重要的对象，所以孙末楠所说的生物竞争几乎全是指人与人的竞争而言。

丙、大概也就是为了这个缘故（偏于注意人类界的竞争），孙末楠所说的人类社会中的生物竞争几乎完全是指冲突（conflict）现象而言，因为在人类社会，像植物社区（plant-community）那样无意识的最基本竞争现象，虽然也存在，但它往往与其他历程互相并合纠缠，尤其是常由无意识的竞争而变为有意识的竞争（即冲突）。（注一三）竞争与冲突在派克是分为两个历程，而孙末楠则以生物竞争一词包括二者（注一四），并且很明显地更着重其中的冲突一方面的涵义。这一点声明之后，我们下文所用的竞争一词，仍是照孙末楠的原来用法——就是包括冲突而偏重突冲的。

二、个人间的竞争

从以上所述我们就可以知道孙末楠的整个竞争学说的出发点，是人与人兴趣的抵牾，而所谓抵牾就是不相容的意思。人生必有兴趣（以需要为基础），并且个人的兴趣是特别强有力，因为它是个人行为的原动力，也是最容易被个人自己所感觉到。只有极小数的人有时或能以社会或一团体的兴趣为自己的兴趣。个人对于团体兴趣的感觉是与团体大小为反比例，与团体对他的亲疏程度为正比例。（注一五）

孙末楠在说明个人间的各种兴趣所以不能不抵牾的原因时，总是以物质利益的冲突为例。（注一六）他以为物质利益的冲突是因为外界供给有限，并且有人口律及报酬递减律在那里支配着。一块面包不能两个人吃，这是产生竞争的最基本的情势。因为要满足一个，就得牺牲其他一个；或至少各人所得的一份，在质与量两方面，也必有差等，以致各人满足程度也随着不同。由是大家都想取得那优越的一份。所以孙末楠的结论是："竞争是自然的定律"（注一七）；"在生物竞争中，人们的兴趣永远是抵触的。"（注一八）

不过，孙末楠虽偏重经济竞争，其实他也很常告诉我们：个人间的性爱、恐惧和虚荣等的兴趣也一样的是常常会互相抵牾，一样的会引起竞争和战争。（注一九）所以孙末楠在说到个人的"生存奋斗"（以取得食物为第一义），及权力、地位、身份等的争夺之外，又时时提及"自我实现"（Self-realization）一词。（注二〇）他所谓"自我实现"是包括个人的理想和价值标准等在内。人类界的竞争有许多是由价值判断的冲突所引起，为其他生物所没有的。（注二一）

并且，在人类社会中，个人间的竞争（尤其是同一团体——我们团体——内的）大半都不是完全纯粹的竞争，或完全无约制的竞争。个人间竞争往往是在相当轨范之下进行的，这所谓轨范便是社会秩序——民风、德型、制度、法律等的总称。轨范的成立和保持有赖合作历程的作用，所以竞争常是与其他历程相混合的。（注二二）社会秩序的巩固和顺行无阻，结果使我们常只觉到其中合作的成分，而模糊了其中竞争的成分。孙末楠说："我们的文化平常对我们遮蔽了一件事实就是，我们在生物竞争中原是对手和敌人。"（注二三）

所以，无论竞争的动机是什么，也无论是男女，或是老幼，我们有意识的和无意识的都是一个场合下的竞争者，虽则我们彼此间的竞争不一定都是纯粹的，而多数只可于抽象中认识。因为物质文化的增加和社会秩序（非物质文化）的限制，我们的竞争才不至过度的暴裂、露骨和无所顾忌。不过，无论如何，竞争之为竞争始终是无时无地不在。在承平时节我们有时不觉得此种底层的关系，但若遇到非常之变（以经济恐慌为例），竞争局面便立即变本加厉，平时最亲爱的伙伴都会变成极凶狠的仇敌，一切前此所认为残酷的行为也都会层出不穷。（注二四）

三、团体间的竞争

其实孙末楠之论个人间的竞争，倒不及其论团体间的竞争那样的精彩。这是因为他根本就比较重视这后者，像英儒白芝浩（Bagerot）那样。讲到初民社会时他甚至说：团体才是单位；生物竞争是起于团体间，而非起于个人间。（注二五）至于什么是团体及团体的种类，我们已于本篇第一章中详述之矣，这里只好从略。孙末楠所说的团体，大约有三种：1. 组织（即功能团体）；2. 血缘与地缘团体，（即他所谓我们团体或内群，或别人团体或外群）；3. 阶级。关于第一种团体间的关系，孙末楠自己并没有怎样说到，几乎可以说是完全注意第二和第三这两种团体间的竞争现象。以下我们也只就这两种团体，分别述之。

甲、内群与外群间的竞争

派克扩充孙末楠的"我们团体"一概念，而自己以为凡是能够集合一致行动的团体都可叫做"我们团体"。（注二六）这一点补充是否有理，此处姑不讨论，但我们却敢说孙末楠自己并不曾以此为他的"我们团体"的定义，并且他所举的例也只在血缘团体和地缘团体的范围内。孙末楠心目中的"我们团体"简直是等于一种雏形的社会。从家庭、氏族、部落、乡村、市镇、行省，以至国家、民族，都可以满足这种团体的条件。这种团体非以血缘，即以地缘（或二者都有）为其团结的连索，不过在血缘与地缘之上，往往会产生种种文化的连索，取而代之。在初民社会中，火与宗教有时是"我们团体"的维系物。（注二七）所以"我们团体"由独立的共同生活常会造成一种特殊的文化，以别于"别人团体"的文化。因此孙末楠所说的"内群"与"外群"间的竞争，其范围之广，凡一切种族的、国际的，及文化的竞争和冲突，都包括在内。

孙末楠以为原始社会（现代社会亦只程度之差）便是由许多"我们团体"所构成。这种团体的通常关系是战争、掠夺和不顾信义的火拼，虽然这种行为只能是间断的，并且也不乏和平关系（如婚姻和交易）的存在。关于这一点，我们可用孙末楠自己的话来说明，他说：

> 一个团体内的份子，彼此是同伴。在与其他团体的敌对上，他们有一种共同的兴趣。假如我们是站在一个团体的立场上，我们就可以叫那团体为"我们团体"或"内群"，那时其他团体在我们都变成"别人团体"或"外群"。（《战争及其他》，页九。）

> 我们团体的内部份子彼此是一种和平、秩序、法律、政府，和生产的关系之下。他们对于一切外人或别人团体的关系是战争或掠夺，除非为某种契约所限制。假如那个团体是外婚制的，其中的女人则生于外方。在这团体中还可以找到的其他的外人，就是被收养的人、宾客和奴隶。（《民风论》，页一二。）

　　我们团体中友好与和平的关系，及其对于别人团体的敌对与战争的关系，是相关的。对外战争的危急便是造成内部和平的东西，为的是内讧足使我们团体无力作战。这种战争的危急在内群中也造成了政府和法律，以之防止纠纷和厉行纪律。所以战争与和平是互相作用、互相推进，一在团体内，一在团体间。团体间的空间距离著愈近，彼此的战斗力若愈强，则战事也愈猛烈，各团体内部的组织和纪律也愈严密。与这两种关系相应的情操也随着产生。对于团体的忠诚，为它牺牲，和对于外人的憎恶和蔑视，对内的亲爱和对外的敌忾，这一切都是在一起生长的，都是同一情势的产物。（《民风论》，页一二一一三。）

　　这里要注意的是这种最后单位是一个团体，不是一个人。……在这样一个单位团体中，各份子是集合着一致行动。……因此，这样的一个团体是有一种共同兴趣。它一定统辖着一块若干面积的土地，由是它与其一切团体在利益上必有所冲突。所以生物竞争是起于团体间，而非起于个人间。内群中的各份子彼此是同一兴趣下的联盟者和伙伴，当他们与其他一切外人发生兴趣冲突的时候。……为着利益的冲突，每个团体一定要把其他各个团体视为可能的仇敌，因此它们是以猜忌和不信任的眼光互相看待，虽则实际的敌对行动只在特殊时会下才发生。其他团体的份子都是异方人，有时可以以宾客的资格容其进入本团体，这样便可以赐他以权利与安全，不然他就被目为敌人。我们现在已明白为什么对内和平与合作的情操，和对外敌对的情操是相成的。这是因为任何团体要想有实力对付外敌，内部必须先有良好的训练，而

95

且必须和谐与安宁。换言之，就是因为内讧足以促成对外作战的失败。所以同一的情势使人对外好战，同时又使他在本群内屈服于首领的统治之下，听从训练，遵守法律，扶植和平，并创立制度，权利的观念是在内群中生长的，起源于所借以获得和平的惯例。从同一事实与关系中，同时有二重教育。和平造成战争，战争亦造成和平。这一句话绝不是自相矛盾的。同时有两种道德规律和两套德型，其一适用于群内的伙伴间，其一适用于对付外人，而二者是出于同一的兴趣，对于外人的屠杀、掠夺，施行血的报仇，和偷抢妇女与奴隶等的行为，都是被认为有功勋的。但在内群中，这一切全是在禁止之列，为的是这些行为会产生纠纷和虚弱。因此，在内群中，法律（于风俗和禁忌的形式下的）和制度须取武力而代之。每个团体以其内部说，都是一个和平团体，而这和平是为传递给他们以风俗和禁忌的祖先之灵所认许。宗教认许并鼓励对外的战争，因为祖先之灵或其他的神，喜见其后裔和崇拜者一再打败、屠杀、掠夺和奴使其古代的敌人。（《战争及其他》，页七——一一。）

以上这几段话已将内群与外群间的竞争，说得很明白。虽然孙末楠的这些话是针对着原始社会而言，但其中有一大部分是可以拿来为现代国际间和民族间的关系的写照。现在这种团体间的关系尽管比较复杂，但竞争之为竞争，在根本性质上并不两样。

不过在孙末楠的这几段话中，有几点我们必须注意。

1. 孙末楠论我们团体对外竞争和对内合作的关系，他只言其互为因果，并没说何者为何者最后之因，或何者为何者唯一之因。

2. 孙末楠说竞争是起于团体间，而非起于个人间，这句话并不能用以证明他否认个人间的竞争的存在，因为他这里的竞争一词是专指暴烈的冲突。暴裂的冲突在组织严密、秩序巩固的我们团体（如整个团体生活为习俗所笼罩的初民社会）中，是比较的少见。内群各份子间及各阶级的竞争是与其他历程相淆杂，是在社会秩序的轨范之下进行的，所以内群中的竞争变成和平的竞争，以别于团体间的无拘束的冲突。但这话亦不尽然，因为团体内份子间的竞争亦往往越出社会秩序的常轨，而实行无拘束的竞争，像团体间的那样。同时，团体间的竞争往往亦有相当的约制，国际间的战时法便是一例。3. 团体间的竞争的动机，与个人间的竞争的动机是一样的，并且也是非常的复杂，自经济的利益、团体虚荣，以至文化差异，都足使团体进入竞争场合。

此外，当孙末楠论到内群与外群间的竞争时，又特别提出一个概念来阐明其中的关系。这个概念便是民族中心主义（Ethno-centrism）。至于这民族中心主义是什么，孙末楠这样说的：

> 这种团结的情操、内部合伙的精神、对于内群的忠心、与这些连带而来的一种自视优越的感觉，和敏于保卫内群利益的倾向，是专门称为民族中心主义。（《战争及其他》，页一二。）
>
> 民族中心主义是一个专门名词，指一种对于事物的看法而言。这种看法是以本团体为一切的中心，根据这中心来估量其他的一切。……每个团体滋养它的自尊与虚荣，夸耀自己的优越，高扬自己的神祇，藐视一切的外人。每个团体以为自己的民风是唯一正当的民风，它若是遇见别的团体有别

的民风，则这民风就激起它的诅咒。……在我们此时的兴趣之下，最重要的事实是：民族中心主义领导着一个民族去夸张并加剧其民风中的一切事物，而这民风是特殊的，就是它把一个民族从其他民族中区别出来。（《民风论》，页一三。）

这可见孙末楠所说的"民族中心主义"乃是社会心理的一部分现象，其在团体间的作用可比个人的"自我中心主义"（Egocentrism）在个人间的作用。无疑的，这是团体间的竞争中的一大要素，尤其是在文化的冲突上是如此。我们在过去的中国社会中，就可以找到无数的例证。中国人数千年藐视外族，自称"华夏"，称人"夷狄"，便是民族中心主义的一种表现。

乙、阶级斗争

孙末楠对于阶级间的竞争的重视，并不在其对内群与外群间的竞争的重视之下。这一点在凡读过其大部分著作的人，大概都会承认。至于孙末楠对于阶级这一部分社会结构作如何观，我们已于本篇第一章第三节中加以详述，此处我们的目的只在讨论阶级间一切竞争现象。不过，我们在这里也不能不稍为一提阶级是怎样地形成，及其在于整社会结构中的地位。

简单的说来，孙末楠以为一个社会中那许多份子之所以区分为种种阶级，最后的原因是各个人或团体所具有的社会价值不同（注三〇），换言之，即他们的成败不同（注二九），造成个人和团体的成败的因素是非常复杂，举凡物质的、生物的、心理的和文化的，甚至所谓"机遇"和"命运"，都足以左右竞争的终局。（注二九）因为成败不同，个人和团体在社会上的"地位"或"身份"、"权利"与"义务"等，一切都有差等，这是竞争的必然结果。阶级便是建筑在这种种差等上。所以阶级是一种层叠的结构，一种纵的组织。这种结构是存在于一切我们团体中，因此它是内群内部的组织。孙末楠之注重阶级斗争，就是上面我们说他并非否认内群中有竞争现象的一大理由。由此也可以推论说：阶级的竞争与"内群"和"外群"的竞争，也是息息相关的；两者的关系若用数学的术语来说明，可以说是反比。

阶级的秩序既立之后，它本身就会变成一种社会势力，变成一种决定各阶级后来者间的竞争成败的因素（如印度的"喀斯德"制度［Caste System］）。到那时，本来的阶级区分标准也往往随着改变。但这并不是说阶级是一成不变的。事实是：不但一时代的阶级秩序的形成，是本自前时代各阶级和各个人间的竞争；就是在一时代的阶级秩序既成立之后，阶级秩序一方面尽管施其威力，他方面，各阶级仍是不断的在那里继续着竞争。居于不利或较低地位的阶级，总想打破既成的现状和局面，大家都是要提高其身份，改进其地位的。此处有一点我们必须声明，就是许多个人地位的升降，往往只是他自己努力成败所致，所以不在团体竞争的范围内，而我们这里所讨论的却只限于以阶级为集合行动的单位的竞争。

孙末楠在一八八三年出版的《社会阶级的关系》一书中，就说过这一句话："历史不过是一个讨厌的、重复的故事，那就是个人与阶级争夺国家的权力，榨取他人所得，以供自己穷奢极欲。"（注三一）《社会的科学》中甚至说："一切政治无非是这些阶级为争取社会权力而发生的斗争，而一切历史也不过是这种斗争的起伏的故事。"（注三二）孙末楠以为欧洲过去五百年的社会问题便是在新兴中层阶级与世袭贵族阶级的敌对局面下造成的，现在与将来将为有产阶级与无产阶级两大集团的斗争。（注三三）孙末楠说到近世欧洲阶级斗争史时说：

> 封建制度，正当的说，只有两个阶级，就是贵族与农民。皇帝乃由贵族中分化出来的，而在那制度中造成一个裂纹。在俄国和波兰，就是这三个阶级打个胜负，其结果如何在研究政治的阶级斗争史的人，颇饶价值，而据我所知，这种研究尚无人进行。在俄国，皇室胜利，其贵族则始终未变成西欧所谓的贵族，农民则沦为农奴，好像赌博之后的抵押物一样。……在波兰，皇室屈服于贵族之下，贵族对农民施展暴政，比俄国情形更恶劣，结果先陷国家于纷乱，继而被外族侵服。在西欧，从封建制度的两大阶级中，又分化出另一个阶级，就是中产阶级，所谓城市中的布尔乔亚（Bourgeoisie）。这一来，一共有四个阶级，政治史便是在这几个阶级的仇友与离合中，铸塑出来的。中层阶级与封建主义不两立，当贵族声势仍盛的时候，君主便与市民勾结，同与贵族争。在德国，皇室未能得到真正胜利，如法国和西班牙那样。在英国，这四个阶级于宪法下觅一妥协和调剂之道，然而，它们彼此间的互相轧轹也沾染了五百年的英国历史。（《土地的饥饿及其他》，页三一二—三一三。）

孙末楠之论阶级斗争背后的势力，特别注重两点，其实这两点原就是他的整个学说上的两大柱石。第一点是属于心理势力的范围，他说：

> 在那里活动着的势力，显然是人性中的特质，这种特质

引领着人们去满足他们的虚荣，去追求有以超胜人家的地方，去担保他们子孙的将来，并且去获得他们从努力而来的果实。像人性中其他的特质一样，这种特质有其好处，也有其坏处。（《土地的饥饿及其他》，页三一四。）

　　第二点是通常所谓经济势力。用孙末楠的术语来说，则为"人地的比例"。（注三四）因为生产的增加（无论缘于新土地的发现，或技术的进步），人们的财富也随着增加，财富是最重要的社会力量之一种。按孙末楠的说法，阶级斗争之所以可能、之所以蓬勃与不可遏止，就是因为新经济力给予他们以斗争的机会、实力和余力。就是因为大家都要争取和控制那新经济力及其利益。（注三五）因新经济力所造成的机会而产生的阶级斗争、阶级的兴亡更迭、世家的暴发没落，这现象在历史上是数见不鲜的，有时当代人可及身见之，证之以近代史尤为无讹。（注三六）所谓一国的"内战"和"革命"，往往是在社会阶级的经济力增加之后才发动的。（注三七）

　　孙末楠以为低层阶级（如奴隶）的解放，其最大的原因虽亦为经济势力，但他对于自身的解放，除了笨蠢的本能的骚动之外，并无怎样的帮忙，他们的成见和愚昧，往往使其行动与真正利益相背驰。他们的解放实有赖知识阶级及中层阶级，替他们向新的社会秩序打出一条路来。（注三八）

　　据孙末楠的意见，在缺乏新兴的社会势力之下，阶级间的竞争虽然是无时或息，但其结果只使各阶级区分得愈其严紧，个人与团体的升降愈其困难，社会的保守性也愈其加厉。反之，在新兴的社会势力推动之下，阶级间的斗争则愈其奔放，同时其结果将减少阶级的分化，变动阶级间原来的秩序。（注三九）这是他对于阶级斗争中因果关系的最简括的说法。

综观以上所述，我们可以说在孙末楠的心目中，阶级的竞争在平常时节，在巩固的社会秩序之下，是循着他所谓"生物竞争的比赛规则"（注四〇）进行的，那这竞争便同其他社会历程相混合，而失其单纯性及暴裂性。反之，若一旦遇到生活情势的突变，某种社会势力（特别是经济的）的激增，则阶级斗争便会越出和平的常轨，而变成不约束的冲突，有许多内战和革命时的暴动，即可以为例。各种竞争之存在于一切团体间，至是已无可疑议。

第四节　抵牾合作（Antagonistic Cooperation）

一、从生物竞争到抵牾合作

孙末楠并不像甘博老维或其他社会学家那样偏重竞争（包括冲突）一历程，他自己的声明和学说本身都可以证明这一点。人类相克的行为只是社会关系的一大方面，其他另一大方面是合作，是相成的行为。没有合作的历程，社会根本就无从而来，正如若没有竞争现象，社会便不成为社会一样。关于这一点，孙末楠自己曾经这样很明白的说过：

　　若有人以为整个自然界是一个战斗和竞争的纷乱之局，则是乃大谬。结合与合作原为根本上绝对不可缺少，所以就是在顶下等生物中都可以找到相依相助的共生（Symbiosis）

现象。甚至一个团体中的每个份子皆可牺牲，而结合仍能存在。竞争与结合乃生物聚合之两种形式，这两种形式在整个有机的及超机的领域中，互相替换。对于这事实的忽略已引起许多社会主义者的错误。(《民风论》，页一七。)

在生物竞争中，每个人都必须排挤其他任何一个，除非他们能彼此结合起来，在协力合作下，从自然中，各赢得多于自己单独所能赢得的报酬。这种结合就是造成团体和产生经济组织的东西。当一个男人和一个女人联合而成最初级的团体的时候，他们这样举动为的是经济原因，因为他们在一起做生存奋斗，较胜于自己单独去挣扎。不久他们进而成为亲族团体，为"血统"所维系。这团体只要在共同生活之下有利益，大概将继续团结，但其发展程度若超过当时经济制度的适宜点，它就会发生分裂。分裂之后，各部分便开始互相竞争。倘因文化的提高，致使更复杂的组织变为可能，两个团体则由通婚或征服合而为一，此时结合又取竞争而代之，而这个大团体便开始与其他大团体竞争。因此在整个文化史上的一切时期中，竞争和结合始终不断的互相替换。(《战争及其他》，页八。)

当他提及原始人类是否特别好战一问题时，也曾说过：

在十八世纪，有许多人认为人类的原始状态是一种仙境的和平、乐观和满足。在十九世纪，论断则趋向另一极端，认为原始状态是一种普遍的战争。这后者和前者一样，都是言过其实。(《战争及其他》，页三。)

他自己对于人类始于和平，抑始于战争这问题的答复是：

> 他们始于二者同时存在。至于何者较为厉害，那全视当时的生物竞争的剧烈程度如何而定。(《战争及其他》，页一四。)

竞争与合作不但是同时存在、缺一不可，并且是互相衔接、彼此有连带作用的。从这方面看去，合作可以说是竞争之势所必至。孙末楠说：

> 竞争者的数目是生活情势中之另一种。在一个时候和一个地方，许多人的生活情势是一样的，他们的生活政策上的问题也是一样的。……只要有一个大数目人在一起，个人的与社会的要素就不断的交互作用。假若一个人要对自然作生存奋斗，同时又有别人在同一环境内也要这样做，这后者一事实在他是一种极重要的情境。这样一来，便成为二者择一的局势：他与别人可因彼此不相容而至于两败俱伤，不然，他们就可以大家结合起来，由合作而提高他们对付自然的能力。经济组织便是后者这种办法。……结合是组织的要素，而组织是增加力量的不二法门，使得许多不平等和不相像的单位，在一个共同目的之下，聚合起来。(《民风论》，页一六——一七。)

所以，据孙末楠的意见，合作往往是竞争的自然结果。虽然一切合作的前期，未必都以竞争为其必要条件。这种与生物竞争有直接连带关系的合作，孙末楠特别冠以"抵牾"两字，以示其主要性质。其实他的"抵牾合作"的范围之广，不但包括所谓"从竞争而转入合作"的这种初期妥协的合作，就是事前并无经过正式竞争的合作，也是带有抵牾合作的性质。这点于下文当再详述。

二、抵牾合作的意义

抵牾合作一词在字面上很容易引人误会，有时甚至使人觉得其自相矛盾。但我们若能明了孙末楠在这一概念中的命意所在，或可不至有所误会。据我的观察，他所以特别提出这个概念，一半固是因为要说明竞争与合作之间的关系——就是上面所说，从竞争转为合作时的初期合作乃抵牾合作，不过更大的原因恐怕是：他要借以驳斥一般"社会起于或基于社会本能或乐群本能"说的谬见，而主张人与人的结合原以抵牾合作为其基本历程。（注四一）所以，我们根据他的抵牾合作一概念，而说孙末楠的社会观偏于功利说则可，若说他特别注重人类相克现象则不可。

孙末楠的抵牾合作一概念，原不是说一种个人或团体间的行为，既为合作，又相抵牾（冲突、抵触、龃龉之意）；乃是说在合作行为之外，还有许多没法调和的、不相容的要素在，只因为要满足彼此共同的大目的，双方才不能不把其他较小的冲突的兴趣，压制下去，不让它们妨碍大局。孙末楠自己为抵牾合作所下的定义是：

> 抵牾合作是两个人或两个团体，为满足一大共同兴趣的

结合，而把他们间较小的兴趣上的抵牾，压制下去。(《民风论》，页一七——一八。)

政治党派的妥协，最足以代表抵牾合作，我们常见同床异梦，事前似乎不可能合作的政客，往往为着当前的一个共同大目标，而竟能撇开前此的一切恩怨，不顾未来的种种冲突，暂时姑相勾结。现代的所谓劳资关系，也是最典型的抵牾合作之一种。

抵牾合作常是爆裂冲突如战争的必然归宿。战败的一方若不是完全消灭——完全消灭是少有的事，便只好于无可奈何中，接受一切不利的条件，含垢忍辱，与战胜者暂谋相处之道。古代战役中的俘虏之沦为奴隶，即是一例。所以，无论抵牾合作的背景如何，合作者的双方或一方，在合作的事前事中，总感觉相当的勉强。换句话说，那一时期的合作并不是出于本能的相亲相爱，或情投意合，乃是为最高的功利计，不得不如此做去罢了。不但社会上许多小团体的形成经过是如此，就是整个社会的产生也是如此。甚至素常被认为最不讲功利、而以感情为基础的家庭组织，孙末楠却特别说它是抵牾合作的典型。(注四二)我们常听人家说"婚姻是妥协"，这话大概与抵牾合作是同一涵义。

孙末楠以为抵牾合作在高等文化中是一种最有效力的结合方式。它是理智高压的作用，把较小的利益冲突，置之不顾，而为着大兴趣一致工作。所谓压制较小的冲突，事实上是压制情感的作用，所以抵牾合作是比较的不容情感用事。(注四三)《社会的科学》中说抵牾合作是整个社会结构中最坚强、最普遍的组织方式，没有一个情感的结合，能够与它相比。(注四四)但是，当孙末楠以抵牾合作来解释原始人类社会的形成及整个历史的过程时，则否认这种抵牾合作中的功利的打算，是受理智的支配，以为人之所以会合作，由合作而造成各种社会组织，建立各种社会制度，是为许多自动的势力所驱使，他们在不知不觉中，自然而然的、不可避免的走上这条路。（注四五）

综观以上所述各点，我们可以断言孙末楠所谓抵牾合作最近是派克所说的"调协"（Accommodation）。派克自己亦曾这样承认。所谓"调协"便是说个人或团体，在冲突中彼此互相调剂而获得妥协。最后我们须声明：抵牾合作与所谓"竞争的合作"（Competitive Cooperation）不同。这后者是指一种行为，其本身从一方面看是竞争，从另一方面看是合作。如工业上某种分工，若从其为争夺市场而卖弄新花样一方面观之，则为竞争；若从其为专门乃求大家经济之道一方面观之，则为合作。如此涵义自不可与抵牾合作混为一谈。

三、抵牾合作与同化

孙末楠虽说抵牾合作在社会生活中是那样的普遍，虽说没有抵牾成分的合作是那样的难寻，但他却不曾说，一切合作都是抵牾合作，或一切合作都以抵牾合作为止境。虽然他的抵牾合作一词涵义之广，在理论上可用以包括一切合作，但若以抵牾合作所具的特征言，我们则不能不认为：在抵牾之外实尚有更完全的、更通彻的，和更和谐的合作在；不能不认为抵牾合作是比较初期的合作。为指明这初期的合作与那更彻底的晚期的合作之不同（或只程度之差），派克则另立"同化"（Assimilation）之说，以补"调协"之不足；尤朋（Eubank）则有结合（Combination）与镕合

（Fusion）两历程之分。（注四六）

孙末楠自己虽没有确切的说明这一层意思，然而《民风论》一书的一大题旨便在阐明人类是如何地由抵牾合作而造成种种民风、德型，和制度；及民风、德型、制度等所组成的社会秩序既成之后，大家是如何地生活（合作）与其中，像生活于空气中那样的自然，那样的不自觉。（注四七）习俗制度及一切规矩准绳，原都是消弥冲突于事前、调和冲突于事中，并维持和谐合作于事后的工具。（注四八）《社会的科学》一书论抵牾合作时，很明白的这样说：

> 当调剂的条件进到为各方当事者都认为再没有更好的办法的时候；当习惯和风俗将个人的行动举止弄得大家都熟知深晓，而至于被认为"正当"的时候；当各种制度已经成立，一逢相当时会即可行使其功能的时候；抵牾合作便可顺利进行，没有问题产生，原来的冲突也看不见了。所看见的是一种和谐，而这和谐好像是宇宙秩序的一部分。高度文明的社会，若以其最普遍、最基本的作用言，仍是一大套此类的和谐——许多世纪的斗争的产物……（《社会的科学》，卷三，页二二三七。）

的确孙末楠是承认：抵牾合作的继续作用，结果终会引到一个时期，大家在合作中都不复记忆原始冲突之点何在，因大家在结合之后，对许多互相抵触的地方，仍不断的继续着进行更细微的调剂，使整个合作局面愈其调和。不自觉地大家遵守同一的生活纪律便是最彻底、最深入，和最调和的合作。和衷共济、同心协力，及遵守秩序的习惯一成，彼此行动便俨如同出一体。初时的勉强现在都变成自然和当然。这个时候个人可谓镕化入社会组织的大镕炉中，外来者被它吸收同化，下一代人亦由它模塑出来。更因生活的亲密、利益的与共，一切同情心、一切温柔的情操，皆得机会而滋长，而活动。（注四九）

孙末楠以为人与人在未结合之前，无所谓"自然的情欲"（Natural Affection），同情心是果而不是因，不过它既产生之后，自己亦转而为因。（注五〇）他也说家庭是培养同情的场所。（注五一）

总之，由抵牾合作到同化，社会关系有一部分是由功利的，而转为情感的和神秘的，人类相成的行为至是也可谓已推至极端。

本来"同化"（Assimilation）一词孙末楠自己就很常用到。（注五二），无论是个人为团体文化所陶冶，或是一个阶级采纳另一个阶级的文化特质，孙末楠都称之为同化。至于文化不同的民族间的潜移默化的历程，孙末楠则特别称它为"混化"（Syncretism）。

孙末楠以为不同的文化之有混合的可能，在过去人类历史上，"混化"是最大的途径，武力的强迫和传教的宣传大都是劳而无功，或者结果是所得非所望。他说：

> 文化不同的团体常常用辩论和理由去使对方感化，他们从没有成功过……基督徒与回教徒若相聚而辩论，彼此在对方都不留下何种深刻的印象。当十字军时代，在安达卢西亚（Andalusia）及近东各城市中，他们毗邻而居，因而亲善，互相尊敬，互相影响。混化由是开始。其中各有所受授。回教徒此时在埃及目击英人在工商业及政治上的力量，这种观察

在民风上就会发生效力。这是民风变迁和借用的主要途径。希腊人及罗马人对当时蛮夷的民风的影响，白种人对于黑人、印第安人、海洋州人及日本等的民风的影响，也都是经此一历程。(《民风论》，页四七三——四七四。)

又说：

> 当不同的团体由通婚、来往、征服、移民或奴隶等的因缘，而并合的时候，民风的混化便开始进行。其中的一个团体居先规定准绳，较弱的团体或阶级便模仿那占优势的团体的习向，而在其子孙中，把祖先的传统拔除净尽。……地域上的接近、毗邻，或即文学，都是以引起德型上的混化作用。一个团体知道别的团体对其某种习俗或观念视为卑下，这知识会产生惭愧，而使它从事于消灭那风俗。因此，无论何时，两个团体若互相接触和传染，由混化的作用，有害于某一部分的人的民风，势必被淘汰。这是一个弃置民风于无用的历程。此时英人的政治力量及经济繁荣，在埃及使回教徒嫉妒而欲争胜，并且模仿那些他们所认为英国人所以成功的地方。因此，儿童教育的运动、妇女地位的改变，以及其他传统德型的更易，是日有所闻。(《民风论》，页一一六——一一七。)

这可见孙末楠所谓"混化"也不外是一种潜移默化式的同化罢了。这种同化非出于被迫，是因当事者关系的密切，慢慢的从细处体认其中的利害，而自动转移的。

四、抵牾合作与暗示及模仿

孙末楠在《民风论》一书中说明民风产生的历程时特别注重暗示与模仿二者。他以为民风的产生是由许多人在一起满足相似和相同的兴趣，对自然做生存奋斗。大家兴趣既相同，处境又无多大差别，一个人的经验可供全体的参考、全体的利用。彼此刺激、彼此交换、彼此受授（换言之，即暗示与模仿作用）的结果，各种满足需要的方法，都于不知不觉中选择出来，而成为团体的风俗。（注五三）不过，孙末楠又告诉我们：这种暗示与模仿的共同生活原是基于抵牾合作（或即合作）之上的。所以暗示与模仿在这一层意义上，可以说是合作总历程下的两个特殊历程。合作的方式虽不限于暗示与模仿，但此二者在文化的产生及传播的观点上看去，的确是占合作历程中的极重要的地位。孙末楠虽很常引用这两大社会心理学的概念，但他自己对这方面却没有什么特殊的贡献或独到的见解。他说：

> 所谓群众心理实包括某种暗示的现象。一群人在一处互相传递心中的冲突，结果各人的冲突都格外加剧；假如大家都是受着同一情操所鼓舞，或同一兴趣所刺激，则这现象将愈其显著。换句话说，所有的心理状态和情绪，一经许多人传递之后，势必大增其势力，特别是这具有共同情操及兴趣的许多人之间，若有一种一致合作的感觉在。……模仿即由暗示性而来。（《民风论》，页二〇—二一。）

依据这一段话，就可见他所说的只是一些群众心理学上极普通的理论（注五四），至其论模仿则尤其零碎。不过他能够极生动的应用这两个概念来说明民风、德型、时尚等社会现象的产生，以及产生后传播和传袭（同化）的作用。（注五五）

第五节　社会历程的综合观

孙末楠所提到的这几个社会历程，在我们此时看去，虽然不免觉得其简略，但在大体上尚不失为人类集合行为和交互行为的几个基本类型。在这每个大历程之下，我们可以安插无数小历程。就是以社会历程为学说中心的派克，亦不过在这范围内，加以较有系统的申述。

孙末楠所谓生存奋斗实足以包括从个人的自我实现，到以社会为单位，向大自然作共同奋斗的集合行为。生物竞争是代表人类交互行为中相克的部分，而抵牾合作和同化则代表相成的部分，而这二者有同为生存奋斗所引起。但这都只是抽象的说法，具体的社会生活乃是由许多历程混杂而成，这些历程虽有其先后连带的关系，或往往表现着一定的程序，然这亦只可于分析中求理解，事实上各种历程是同时呈现和一齐活动的。

社会历程在文化的产生、长成、传播、保持及变迁上的意义是十分重大的。孙末楠的"内群"和"外群"等的概念，就是用来解释相克相成两大历程的特征，及其与文化的关系。他以为"我们团体"内部间的关系是为合作历程可笼罩，而"我们团体"与"别人团体"间的关系是为竞争（或冲突）历程所笼罩。（注五六）对内的合作和对外的竞争是同时存在，互相推进。为对外连合作战、充实战斗力、抵御或攻击同一大敌计，内群的各份子或各阶级都不得不牺牲较小的成见、较小的利益冲突，而求合作。但合作的条件是组织，组织的第一义是规定内群份子间及团体间和平竞争的轨道，即权利与义务、身份与阶级、法律与制度等。组织的紧密与否，是对外竞争的成败关键；所以外交局势的紧张往往会促成内部组织的发展。反之，对外关系的平淡，则影响内部组织的松弛。孙末楠说：

> 当竞争剧烈、战事常而且烈的时候，弱者则为强者所歼灭或吞并，战胜者内部的纪律则愈严厉，首领获得更无限的权力，法律也变为愈其严紧，宗教的仪式也得到更大的威权，总之，整个社会体制是更坚强的成而为一。反之，假若没有接近的强邻，假若没有或甚少战争，则内部的组织势必松弛而无力，首领缺乏权力，而社会体制甚难存在。(《战争及其他》，页一四。)

但这尚只限于团体的内外关系而言。我们即只从一团体内部生活观之，也一样的可以看出社会历程的作用，是一切社会秩序（即社会产物或文化）的产生、绵延及变迁的枢纽。孙末楠在《民风论》中说明民风的产生时（注五七），特别注意暗示与模仿，原因是他那时节所着眼的是技术上的民风一方面而忽略社会组织一方面。仅仅暗示与模仿二者绝不足以解释社会组织的形成及其性质。其实他自己也颇常以较普通的社会历程（竞争合作等），来指示文物制度的来踪和去迹。（注五八）他的著作中有许多类似以下这样的话：

当人与人在邻近进行生存奋斗的时候，他们彼此间的关系则寓于种种互动中（如对敌、斗争、同盟、强迫和合作），由这些动作产生出种种社会的联合物和凝结品（Societal Concatenations and Concretions）。这就是说许多个人间及小团体间的相对的地位，多少变为固定的，同时他们彼此间交互行为的程序和方法，也多少建立起来，借以满足团体中各份子的兴趣。……社会的凝结品是这样的由民风而来，人们各在生存奋斗之下，无意识中大家合作起来，建立团体、组织、风俗和制度，而这些东西在经过相当时间之后，俨然长大成熟，活现眼前，虽然没有人在那里预先蓄意、安排或了解。（《民风论》，页四九。）

这段话的大意乃言风俗制度的产生是由相克相成各历程的作用。不过相成的历程（以合作为代表）对于风俗制度的产生及维持，要算最直接、最重要。在孙末楠看来，社会的产生、内群的团结，无不是始于抵牾合作，而基于抵牾合作。所谓风俗制度者一大部分只是调和与避免冲突的工具，正如他所说：

和平是绝对的必需，因为若没有和平，大家便无机会享受什么。一切妥协、调和、兴趣的调剂，抵牾的合作，都是为此而来，制度亦无非是约制作用，或就说是以秩序来代替战争的工具。（《民风论》，页四九。）

同样的，社会秩序之得而维持、传播和传袭，也是依赖合作（以同化为代表）的作用。所以从文化上的意义看去，各种相成的历程都带有建设和保守的功能；同时，各种相克的历程都带有破坏和改造的功能。文化特质的变迁全赖社会选择或淘汰，而社会选择或淘汰又非经竞争和冲突不能实现。（注五九）孙末楠论到战争在历史上的意义时，曾经这样说：

> 经过长期的和平，整个社会结构在其各方面的关系上，都变为固定，而一切功用也都流为呆板。……战争使新的社会力量发作，造成新的秩序。……战争执行一种粗大的、不完全的选择。……一个社会需要一种酵母……在别的时代这种酵母常由战争供给。……我们见到事实上战争在过去，曾于无理性的自然历程中充过一大角色，造成了许多现象。（《战争及其他》，页三一——三四。）

但是相克历程的重要，并不限于这所谓破坏与改造的意义。虽然合作是社会组织最直接的基本历程，竞争却亦是决定社会组织的性质的一大要素。社会选择出于竞争，而选择即建设之大道。竞争从人类中勒出一切潜在的力量，使之有所成就。（注六〇）此外，阶级的结构、身份的分别（注六一），甚至近今区位学上所谓"区位关系"都是为竞争历程所左右。

恺莱以孙末楠未曾注意社会演化一方面的学说为缺憾，自己将达尔文生物演化说中之三大要素（即变异、选择与遗传）改为变异、选择与传袭（Transmission），把它们应用来解释社会的演化。（注六二）正如白纳德（L. L. Bernard）所批评（注六三），这三个概念应用来描写文化的变迁，虽不能说其有何大错，但这三者若无充实详细的内容，则未免仍失之空泛。恺莱把这三大要素分析到最后，结果仍只找到竞争、合作等历程的作用。某种文化特质从个人的变异演到团体的变异和选择，也不知是经过多少暗示、模仿及其他合作和竞争的小历程。社会选择之依赖竞争历程，我们上面已经提过，至于传袭与同化历程关系之密切，那是更不待言。总之，我们现在愈益感觉社会演化的大历程只可于许多细微琐屑的小历程中，窥见其底蕴。我们把孙末楠对于社会演化的见解，列入本篇最后一章去讨论，也是因为有鉴于此。

本章附注

注一　参看 Eubank, E. E., *The Concepts of Sociology*, pp. 279, 271—272.

注二　此词国人多译为"生存竞争"，但按孙末楠的特殊用法，应翻为"生存奋斗"，理由详见本节。

注三　《民风论》，页二。

注四　孙末楠为驳斥这两句习语之谬误，特以它们为题目，写成两篇文章，见《土地的饥饿及其他》，页二一七—二二一，二三三—二三八。

注五　达尔文，《物种由来》，第三章。

注六　《战争及其他》，页一七六。

注七　《民风论》，页二，一六;《事实的挑战及其他》，页二〇。

注八　《事实的挑战及其他》，页一七。

注九　《社会的科学》，卷一，页九五—九六。

注一〇　《战争及其他》，页一七五。

注一一　关于人类与其他生物的竞争，参看《社会的科学》，卷一，页二〇五—二〇六。

注一二　Park and Burgess, *Introduction to the Science of Sociology* (1924), p. 507.

注一三　同上，页五〇六，五七四—五七五。

注一四　派克曾对本文作者说他所论的"冲突"即孙末楠所论的"生物竞争"之一面。

注一五　《社会的科学》，卷一，页一四。

注一六　《事实的挑战及其他》，页二〇。

注一七　同上，页二五。

注一八　《土地的饥饿及其他》，页七九。

注一九　《战争及其他》，页一四。

注二〇　《民风论》，页一七，六二，六八，四九〇。

注二一　恺莱，《人类崎岖的路程》，页二一一二二。

注二二　以上，页九三。

注二三　《民风论》，页三二七。

注二四　同上。

注二五　《战争及其他》，页八，一〇。以下页九八。

注二六　《中国社会及政治学报》，第十七卷，第三期，页四三七。

注二七　《民风论》，页四九八—四九九。

注二八　以上页三六—三九。

注二九　以上页三七—三八。

注三〇　《事实的挑战及其他》，页六七—六八。

注三一　《社会阶级的关系》，页三〇，一〇一。

注三二　《社会的科学》，卷一，页五八五。

注三三　《土地的饥饿及其他》，页三一五。

注三四　以上页四七—五二。

注三五　《土地的饥饿及其他》，页三七—四五，三一二—三一三；《战争及其他》，页二四一—二四二；《事实的挑战及其他》，页八七，一二九——三三，一三七——四二，一五三——五八；《民风论》，页一六——一七〇，四九。

注三六　《土地的饥饿及其他》，页三九—四二，三一二—三一七；《民风论》，页一六三——一六六。

注三七　《事实的挑战及其他》，页三九—四〇，一三——三二。

注三八　《土地的饥饿及其他》，页三九。

注三九　《民风论》，页一六三——六四。

注四〇　《土地的饥饿及其他》，页八二。

注四一　《社会的科学》，卷一，页一一——二，二八；卷三，页二二三三——二二三七。恺莱，《人类崎岖的路程》，页二〇—二二。

注四二　《民风论》，页三四五—三四六；《社会的科学》，卷三，页
　　　　一四九五，一五〇五，一五〇九，一五一四—一五一七。

注四三　《民风论》，页一八。

注四四　《社会的科学》，卷三，页二二三四，二二三七。

注四五　《社会的科学》，卷一，页一八。

注四六　Eubank, E. E., *The Concepts of Sociology*, pp. 291—295.

注四七　《民风论》，页三四—三五，七五—八〇。

注四八　《社会的科学》，卷一，页三五三—三五五；卷三，二二三三—
　　　　二二三四；《民风论》，页四九。

注四九　《民风论》，页一六四，三二七，四九四，四九九。

注五〇　同上，页四九四，五〇六。

注五一　同上，页四九五。

注五二　同上，页二一，四九。

注五三　《民风论》，页二，三，一九—二〇，一三一—一四一。

注五四　以上，页六四—六五。

注五五　《民风论》，页二，三，一九—二四，一三一—一四一，一七三—
　　　　二六〇。

注五六　以上，页九六—一〇一。

注五七　《民风论》，页一九—二〇。

注五八　同上，页一四一。

注五九　恺莱，《人类崎岖的路程》，页四九—五〇。

注六〇　《事实的挑战及其他》，页六七。

注六一　《土地的饥饿及其他》，页七九—八三。

注六二　孙末楠自己有时亦用到"社会变异""社会选择"等字，如《战
　　　　争及其他》，页三二；《民风论》，页四七，一七三，四九五。关
　　　　于恺莱的社会演化学说，请看：Keller, *Societal Evolution*, Mac-
　　　　millan, 1915；"Societal Evolution", in *The Evolution of Man*,
　　　　Yale University Press, 1922；《社会的科学》，卷一，页三六；恺
　　　　莱，《人类崎岖的路程》，第四章。

注六三　*American Journal of Sociology*, Vol XXI, No. 2, pp. 264—265,
　　　　Sep. 1915.

第四章　社会的秩序（Societal Order）

第一节　小引

孙末楠在中年以后抛弃政治经济，而专攻文化社会学，这个转变恐怕就是他晚年在社会学上所以成功的最大关键。把社会学基于历史事实的意思，虽在他早年思想上已可见明显的痕迹，但把社会学建筑在民族学、人类学、民族志上，自然是这转变后的特征。这转变的最重大意义是在给予他一个观点，《民风论》便是这个观点的产物。这个观点非他，乃是深刻的认识社会生活的最重要、最明显部分原是一种超机的结构或系统——许多民风、德型、制度等所组成的。（注一）这种超机的系统是笼罩着社会生活的全部。它好像有机体，一样的会生长，欣欣向荣，而终于朽腐。一个人念过《民风论》之后可以忘记一切，但其中有一句话不可忘记，就是："社会的生活是在于造成民风和应用民风，社会的科学可以认为是研究民风的科学。"（注二）

这句话不但把孙末楠的观点整个指出，它并且把社会动静两方面的现象都包括无遗。所谓"应用民风"（其实这里民风是整个超机系统的代表），便是指社会静的一面，指一种社会平衡或社会秩序的维持；所谓"造成民风"便是指社会动的一面，指一种新社会平衡或新社会秩序的创立——这自然包括旧社会秩序的崩溃。所以他的社会学不止于研究文化的本质，各部分的互相关系，及其在人类生活上的意义；这些之外尚须研究文化的产生、成长、朽坏、与灭亡。（注三）要解释这后一类现象，则非引用各种社会历程的概念不可，因为这一类现象只可于人类各种交互行为及集合行为的类型中，知其究竟，此层我们于上章中已详加讨论。但社会历程之所以能不断的发生作用，不断的造成和应用文化（即所谓超机系统的总称），又全赖各种社会的势力，生生不息地在那里推动，因此社会动因的研究也是社会超机系统的研究之一部分。

社会动因按逻辑的次序论，虽为这整个系统的出发点，但它始终是躲在现象的背后，比较是隐匿的东西，非经分析不能明了。社会历程虽较社会动因为显现，然它也是高度的抽象的。最具体、最客观的部分无过于一社会的文物制度或风俗习惯，所以无怪"事实迷"的孙末楠终与它结下不解之缘，以它为社会研究的总下手处。我们于以上两章已将孙末楠对于造成超机系统的历程，及推动历程的动因的见解，详细讨论，现在我们于本章中再来申述其对于这超机系统本身，究作如何观。

上面说过，研究超机系统本身乃是研究社会现象静的一面。这里所谓静就是指它的"固定性"而言，因为当一社会一时代的超机系统形成之后，它就变成那社会、那时代的社会生活的轨范，变成那社会、那时代社会行为的模式，大家有意识和无意识的互相期望，互相遵守。就是为了这种性质，我们才叫它做"社会秩序"。社会秩序一词在孙末楠自己也是这样的用法。（注四）

第二节　民风

一、民风的产生和定义（注五）

　　孙末楠之研究风俗（Custom）与其研究初民社会是出于同一的理由。他的社会学以研究初民社会始，为的是初民社会是一种雏形社会，现象比较简单，故便于研究，并且在演化的途程上也是居先。同样的，他的社会学以研究风俗始，为的是风俗是原始社会的超机结构中最基本的单位。他自己研究的结果，始知所谓风俗原来涵义非常广泛（注六），由是在风俗中又分别出许多东西来，为描写和解释这些东西，终于成立了许多重要的、意义较为清楚的概念。"民风"便是这许多概念中的头一个，也是最基本的一个。不过他在《民风论》中有许多地方还是常用"风俗"两字。

　　至于民风是什么，孙末楠始终没有给我们一个明确的定义，虽然有时他非正式的这样的说："民风是个人的习惯和社会的风俗，它们是由满足需要的努力而来的……"（注七）"民风是满足需要的方法……"（注八）不过事实上他是以描写来代替定义的，我们看他的以下这几段话，就可以明白其意思，他说：

　　　　我们若把从人类学与民族志中所得来的、关于初民及初民社会的一切知识，集合起来，就见到人生的第一任务是求生活。人类是以动作始，非以思想始。每一时刻都带来各种的需要，必须立即满足。需要是第一经验，它将立即引起某种笨拙的动作，以求满足。普通大家认为人类曾从其动物的祖先，遗传下来一些领导的本能，这一点也许是真的，虽然从未证实过。假如人类真有这种的遗传，那这遗传就会控制和帮助最先满足需要的动作。比拟法使我们易于臆断动物在其行为也养成相当习惯及气质的轨道，使其技能及他种心身的活动，便于运行。对于初生动物的试验指明：在缺乏手段与目的间的关系的经验之下，满足需要的动作总是笨拙而粗重。其中的方法是"试与错"，屡次产生痛苦、损失和失望。但这方法倒是一种粗笨的试验和选择，人类最初的动作即是如此。需要是逼迫力；快乐与痛苦是两大粗拙的约制力，分立两旁，决定动作进行的路线。分别快乐与痛苦的能力是我们对于心理力量的唯一假设。由是便利的作事方法渐被选择出来，在目的满足上它们比其他方法是较为美满，就是说较少辛劳和痛苦。沿着动作所被迫走上的那条路线，各种习惯，常规，及技巧都相继发展。生存奋斗不只是个人的事，它是在团体中进行的。每个人都因他人的经验而得益，因此大家对那最有利益的事物，便一致认识。最后大家为着同一的目的都采用同一的方法，于是这些方法便转为风俗，而变成大众的现象。各种本能也就这样连带着发展，民风就是这样地产生出来。(《民风论》，页二。)

人们在团体中是生于种种生活情势之下。在那生活情势之下，他们有相似的需要。在需要与情势的关系中，有种种的兴趣，主要的如饥饿、性爱、虚荣和恐惧。许多人同时努力于追求兴趣的满足，便生大众现象，这就是民风……(《民风论》，页三三——三四。)

生活是寓于兴趣的满足中，因所谓社会中的生活者，不过是人类向着物质环境和社会环境，施展其活动与努力的一种事业。无论这努力中包含着怎样的大错误和谬见，但目的始终是获得利益和便宜。各人的努力往往采取相同的途径，因为大家的情形与兴趣是相同的。现在大家公认的意见（这意见大概是对的）是：人类从其动物的祖先遗传下来种种心身的特质、本能，及技巧，不然，至少也遗传有相当先天的倾向；这些东西帮助人类去解决食物的供给、两性的关系，以及虚荣等的问题。这样，结果便是大众现象——种种类似的和一律的行为，而大家对这整个现象都有所贡献。民风便是由此而来的。（《民风论》，页一九。）

民风的产生是靠许多琐细动作时时重复实行的作用，并且这些动作往往是许多人互相谋合地进行，或至少大家在相同的需要之下，是同样的做法。当前的动机是兴趣，它产生个人的习惯和团体的风俗。（《民风论》，页三。）

我们现在把民风认为是一大丛惯例。这些惯例若以其重要程度论，是各色俱全；若以其范围论，是与一切人生兴趣同广狭……（《民风论》，页六七。）

从这些话中，我们可以看到孙末楠原是以描写民风怎样产生，来说明什么是民风的。总括他的意思，不外这样：人生第一件事是生活，所谓生活就是满足需要。在需要与满足需要的行为的中间，是种种心理上的兴趣，因兴趣乃行为直接的动机。人类在满足需要的动作上，背后有兴趣（需要的化身）为其鞭策，面前有本能为其向导，而两旁则有快乐与痛苦的情感为其权衡。如像初生的动物，人类满足需要的步骤，总是先动作而后思想，所以结果往往是尝试而失败。但在这尝试与失败（或成功）的方法中，依快乐与痛苦的经验的教训，许多较好满足需要的方法，便一一选择出来。人是生于团体中，满足需要是大家的事。各人的需要既相同，处境又一样，即使不相为谋，而结果，彼此满足需要的方法，也常会不谋而合，何况大家是相谋相济地分工合作。每个人可因其他各人的经验而得益，于是由互相刺激、互相交换、互相贡献、互相甄别等的作用（注九），那些被选择的满足需要的方法，便为大家所一律采用、一律奉行。这时候它们就不只是一个人的习惯，它们已是许多人的习惯，这所谓许多人的习惯，便是民风。（注一〇）

我们对这几段话，有以下几点应该注意：

甲、孙末楠这里所论的民风产生的历程，显然是偏于暗示、模仿、互动、合作等相成的历程一方面，而忽略了竞争、冲突等另一面产生民风的历程。也许当他说这些话时，是不自觉的只以那些由生存奋斗（对付自然）历程所得来的民风（如各种技术）为对象。人类控制自然的方法是人与自然的关系，而非人与人相对地位的关系，所以这方面的民风是比较容易由个人的发明，经种种合作历程的作用，而变为团体的风俗。技术上的民风之所以比其他部分的文化易于传播，恐怕一大原因也就在此。孙末楠所谓"需要相同""环境一样""各人因他人的经验而得益"等各点，都最宜于用来解释这一类民风的产生。至于社会组织的中心部（如身份关系、权利义务的规定，及其他大家互相待遇的行为模式）的民风的产生，则外用竞争、冲突、调协等的历程来说明不可。我们于上章中曾经说过，孙末楠并没有完全忽略这后者一方面的现象的，只因他的著作有许多地方是不具系统，所以有许多话是说的不得其所。

其实他自己常说社会关系的固定化，总是由竞争、冲突和调协等的历程而来。（注一一）他自己也觉得那几节描写民风怎样产生的文字，有许多发挥未能尽致的地方，所以他另外又在一处特别提到强权或霸道在民风中的地位，他说：

> 我们在这里也注意到暴力的干涉。暴力始终是民风中的一大要素。这在以民风为经验的产物，以民风为应付生活上迫切需要的便利方法的理论上，又是另一修正业。……酋长、帝王、战士、政治家，及其他当道者，在过去曾以他们自己的兴趣为团体的兴趣，并利用其所握的权力强使整个社会组织，为他们的兴趣去努力，去奋斗。……在一切财产、婚姻和宗教中，都有暴力这一大要素。奴隶制度是表现德型中的暴力的最大的一个例，这暴力是用来使一部分人在社会组织中去服事另一部分人。（《民风论》，页六四—六五。）

关于武力与民风产生的关系这一点，孙末楠每论及阶级间的关系时，无不提及。

乙、孙末楠说民风是满足需要最便利、最美满的方法，它是由快乐和痛苦的经验中选择出来的。这种理论之偏于功利主义，亦为孙末楠自己所觉到，所以他在《民风论》中曾这样的声明过：

> 我们如想找到一个标本社会，在那社会中种种满足需要和兴趣的便利方法，都是于尝试与失败中寻得，都是经过经验的长久选择，如上文第一节中所述的那样，这样的社会恐

怕一个也找不到。这种实际的和功利的行经，就是离着鬼神的观念，也是太理性的，并不合于初民的方法和性情。在最原始的经验中，原有一大非理性的、拒绝种种便利方法的要素……这便是生活上的不测要素（Aleatory Element）冒险和损失、好运和坏运的要素。这要素在一切人事中是无所不在，它大大的影响人生哲学和政策……人类的心理总是流连于坏运而把平常的繁荣视为事之当然。不幸惹起他们的注意，而留连于他们的记忆中……初民总是将一切偶然之事归之于人或鬼神的作用，以为好运与坏运都是受超越能力的支配，都是视鬼神对于人的行为痛快或不痛快而定。这些观念造成了鬼怪主义。……宗教的威权与风俗的威权混而为一，成为不可分的东西。所以上文第一段中，关于经验与便利的那样简单的陈述，并不是从实例中得来的，乃是分析和推论的产物。我们这里得补充说，虚荣及鬼灵的恐惧也一样的产生了种种需要，使人生欲满足他们像满足饥饿或家庭的需要一样。民风之源于前者，一如其源于后者。（《民风论》，页六—七。）

正如孙末楠所说，有许多民风是缘于错误的推论和观念（注一二），往往恰与功利的动机相反，所以他的结论是：民风有的是神秘的，有的是功利的，有的是两者混合的。（注一三）

丙、孙末楠的学说颇带一些快乐主义的色彩（注一四），他对快乐与痛苦的情感在民风上之意义，视为很大。不过他也曾声明人类的行为并不能完全以此二者来解释，他说：

　　就是最不开化的人类，在觅食和战争中都会从事于痛苦的工作，而这些工作是他们所认为有利的，也许这种现象对于培养社会福利的信念，比较那些快乐和顺利的行为，是更为深刻。（《民风论》，页三。）

丁、此外还有一点我们此处必须注意，就是：孙末楠虽常说民风是个人的习惯和社会的风俗，然而这里所谓"个人的习惯"是指那些已经成为社会风俗，或即按社会风俗而成的"个人习惯"而言。民风虽往往是源于个人的习惯，但民风的第一个条件是：他必须是社会的事实——即孙末楠所谓"大众的现象"。孙末楠以为民风之所以是社会学的主要对象，就是因为它的"社会性"。（注一五）不但民风在既成之后是多数人的现象，即从一个人的习惯而相习成风，或凑合许多个人偶合的习惯，而为社会的风俗的中间，也是必须经过种种交互相行为和集合行为的作用，而最后才成为社会的产物，民风产生的前后都是属于大众现象这一点，孙末楠是屡次的提及。（注一六）

关于民风的其他详细的性质，我们以下再加分述。

二、民风的特征

甲、普遍性——孙末楠以民风为社会最原始、最基本和最普遍的作用，生活于团体中的人的兴趣，都借以得到满足。（注一七）他说："在一个时候，民风是足供以满足当时当地生活上一切的需要"，"它笼罩着人生一切的兴趣"。（注一八）这些话的涵义是：民风的范围是非常的广阔，它的园地包括社会生活的全部。社会生活的各部门，社会活动的各方面，都是基于民风上面。无论经济、政治、宗教、家庭，及其他一切活动，都是以民风为其下层建筑。民风之所以是这样的普遍，按孙末楠说法，好像有两个缘故：1. 孙末楠虽承认有的社会生活方式非民风（和民风的发展物）的范围所能包括（注一九），但若以人生最主要的兴趣论，若以生活（尤其是大众生活）的最中心部分论，则其中的主角自非民风莫属。（注二〇）2. 严格的说，孙末楠所谓"民风笼罩社会生活的全部"这一句话中的"民风"两字，须有一个注脚，就是：这所谓民风是指民风及从民风发展而成的德型和制度等。即使这所谓民风不包括其他上层建筑，其本身的初级性和原始性亦足以为其普遍性的保证。

乙、传统性——民风不但在空间上是普遍的，并且在时间上是连续的。我们于本篇第二章中已说过，民风本身虽为社会的产物，但这产物在其形成之后，即一变而为社会的最大势力之一种，它不但使其创造者作茧自缚和故步自封，并且决定了其创造者的子孙的生活方式。虽然往往因转递作用，在细微处失去其本来面目（注二一），但以其大体言，却好像是一种完成的物品，一代代的保存，一代代的传袭下去。人家称文化为"社会遗业"（Social Heritage）和"社会连续"（Social Continuity），命意即在此。通常所谓一社会的"历史要素"，也就是指文化的传统而言。所以从这一点看去，每时代的人都变成民风的传递者，因此我们可以补充孙末楠的那句重要的话，而说："社会生活是在于造成民风，应用民风，和传递民风。"自然这所谓传递民风是包含教育、学习、模仿等历程的作用，并且是依赖这些历程的作用而实现的。素为学者所重视的文化的"累积性"也是以此"传统性"为其先决条件。孙末楠自己是这样的说：

它们（译者注：指民风）好像是自然势力的产物，这势力是人类无意识的在那里运用着。它们也好像是动物的本能的活动方式，从经验中发展出来，而终于进入一个最后的阶段，最高度的适应于某一兴趣。并且这活动方式是由传统传递下来，不容何种例外或变异；虽然有时是随着新情势而改变，但亦不出那同样有限的方法，缺乏理性的思考或目的。这么一来，人类的一切生活，在各时代及各个文化阶段，都是根本的为一大批，从人类最早的存在，所遗留下来的民风所支配，而这些民风是带有与他种动物的行为方式相类似的性质，只有最上层的一些才可以变迁和控制，而相当的为人类的哲学、伦理、宗教，或其他聪明的思考所左右。（《民风论》，页四。）

丙、无意识性——我们上节于论民风的生产时，即已提到：据孙末楠的见解，人类满足需要的方法，总是先动作而后思想。这就是说人类的行为还是以动物的为本能作用为主，还是以"尝试与失败"为基本方法。他虽然不否认人类行为中的理性和思考的要素及其力量（注二二），但他总把这要素置于次要的地位，甚至有时对它很表恶感，以为人类行为上的许多大错误，都是因它而生。（注二三）这一点见解根本的影响到他的整个社会观和社会政策，我们于下文当再详细讨论，这里只是要说明他是以本能的作用——即尝试与失败或成功的方法——为产生民风的主要历程的。

他既把思考认为造成民风的次要要素，自然是更不以民风为有意识的思考（Conscious Reflection）的产物。他说：

　　我们最要紧须注意：人们最初满足需要的动作，每个动作都是独立的，并且其目的只是为当前立刻的满足。由需要的终而复始，产生了个人的习惯和团体的风俗。不过这种结果绝不是有意识，也绝不是预见的或蓄意的。经过长久的存在之后，它们才被人注意到，假如要被人尊重，那就需要更长的时间。又需经过另一长时间及心灵发展的阶段的提高，它们才可用为演绎的根据，借以规定那应付可以预见的将来问题的方法。所以民风并不是人类心思才智和目的的创造品。它们好像是自然势力的产物，这势力是人类无意识的在那里运用着。……虽然有时是随着新情势而改变，但亦不出那同样有限的方法，缺乏理性的思考或目的。(《民风论》，页三—四。)

　　民风是无意识的、自然而然的，和不经人联络的。谁也不知道谁在那里安排，虽然我们须相信：无论何时，能干的人总是担任着领袖的工作。(《民风论》，页一九。)

　　没人知道它们是何所自而来，或如何来法。它们的生长好像是内部生命精力的作用。(同上，页 iv。)

　　社会的凝结品是这样的由民风而来：人们各在生存奋斗之下，无意识中大家合作起来，建立团体、组织、风俗和制度，而这些东西在经过相当时间之后，居然长大成熟，活现眼前，虽然没人在那里预先蓄意、安排或了解。它们在那里巍立着，俨如远祖的遗物。(同上，页三四—三五。)

　　这些话再简单的说来，就是：民风是源于许多琐碎零星的需要或兴趣，各在其可能范围内，独自求其即时的满足(注二四)，既没有整个的计划，又没有远大的目标。各个满足零星兴趣的方法，都于混混沌沌中变成大家的习惯。但这无意识性尚只限于民风的产生历程而言，至于民风产生后大家的共同履行，下代人的相继学习，也一样的都是在不知不觉中进行的。这后者一点，孙末楠于论德型时才提到，我们此处却不妨提前讨论，因为德型是指某种特殊的民风，而德型的无意识性是一切民风的普遍现象，所以在这下列引文中，孙末楠所谓德型可作民风看。他说：

德型是从过去传下给我们的。每一个人之呱呱堕地，而生于其中，如同他生于空气中一样。他之不把德型为思想对象，或批评它们，也正如他在未呼吸之前，不去分析空气一样。……我们学习德型好像我们学习走路，饮食和呼吸那样的不觉得。民众从不理会我们怎样的走路，饮食和呼吸；他们也从不知道为什么德型是这样子。……当我们在生命的意识中觉醒的时候，我们找到它们已经是事实，已经把我们紧紧锁在传统、风俗及习惯中。（《民风论》，页七六—七七。）

有意识的思考是德型的最凶的仇敌，因为德型是无意识地开始，而求达无意识的目的，非经过长久而曲折的历程，这目的不能为思考所认识……（同上，页六。）

民众从不曾对这些事物生何疑问。假如有几个表示怀疑和发问，这就证明那民风已开始失去其巩固性，而那德型的约制要素已开始失去威权。这也指明民风是已在重新调适的途中。（同上，页五九。）

丁、一贯性——虽然民风的种类是那样的繁杂，各个民风的产生是那样的各自进行，但我们若以一社会、一时代的全体民气来看，却很容易看到它们是彼此相关的，互相牵制、互相纠缠地织成一个系统。原因是各种满足需要或兴趣的动作虽个别的在那里行使其功能，但需要与兴趣是多元的，各种需要与兴趣，都必须相当的满足，所以满足一种需要时，绝不能置其他一切需要于度外。纵使民风的产生非出于全盘的计划，而一些相关较密的需要必须兼顾的满足一事实，却是不容否认。就是为使各种兴趣调和得各得其满足，所以一时一地的民风，以其大体及中心部分言，是不能互相背道而驰，而势必呈现着一种自然的秩序，沾染着一种一贯的色调。孙末楠自己是这样的说：

> 它们（译者注：指民风）也是属于一种彼此一贯的性质，因为它们惟有互相合作和维持，始能在较少的阻力和冲突之下，达到许多不同的目的。产业的形式、家庭的形式、财产的观念、权利的建立，及宗教的种类，在整个文化史上，指示着彼此一贯的性质。人类文化分为东方的和西方的两大本营。两者之中，每个本身都是极具一贯；每个都有它自己的哲学和精神。从头到脚，它们是给不同的德型、不同的立场、不同的风习，及不同的、关于良好的社会组织的观念所分开。它们间的差别，在我们的脑中留下一个印象，就是，原来在人生大问题的解决法中，在借以决定生活政策的人生观中，竟有这偌大的可能的分歧。两颗行星若合而为一，彼此的居民在什么是最值得追求，及什么是达到美满生活的最便利方法一层上，是不能比这有更大的差别。（《民风论》，页六。）

不但在横切面的，静的社会生活上，可以看到民风的一贯性，从社会的变迁方面看去，这现象也是一样的明显，因为一部分重要的民风一有变动，其他部分的民风势必也随着改变，与之调和一致，这是一贯性的最露骨的表现。（注二五）孙末楠的这一点见解与挽近文化人类学上功能学派的持论并无分别。（注二六）

此外民风尚有一大特征，就是它是最重要的社会势力之一，这一点我们已于本篇第二章第六节中详细讨论，此处从略。（注二七）

第三节　德型

一、从民风到德型（注二八）

我们知道人类的需要和兴趣本有大小之别，换言之，它们的重要程度是不同的。兴趣的重要程度既不同，满足各种兴趣的民风的重要程序自然也是参差不齐，有的民风是比较无关紧要，有的民风则为人生及社会福利所系。这种重要的民风若不好好遵循，结果是感受痛苦，痛苦迫着人去思考，去竭力维护已成的轨道，深恐一有例外便铸成大错；由是这一类民风就被认为"正当的""好的""应该的"，若再经演绎和推论，便成为伦理和哲学的系统，民风到这地步，已进入另一阶段，即孙末楠所谓之"德型"。孙末楠说：

当"真实"和"正当"的要素发展为关于福利的信条的

时候，民风就升到另一层级。那时它们便会产生推论，发展为新的形式，并伸张其影响人及社会的势力。那时我们就称之为德型。德型是那些民风，包含关于社会福利的哲学及伦理结论，而这种结论既为那些民风所启发，复与它们打成一片，当它们正在长成的时候。(《民风论》，页三〇。)

我们现在拟下一个更完全的德型的定义。它们是一社会中通行的、借以满足人类需要和欲望的作事方法，以及种种信仰、观念、规律和良好生活的标准。这标准是附属于那些方法中，并与之有来源的关系。(《民风论》，页五九。)

民风是满足一切兴趣的正当的方法，因为它们是传统的，而存在于事实中。它们伸展到生活的全部，无论在打猎、求偶、打扮、医病、敬神、待遇同伴或生人、生子、出征、与会，或其他任何可能的事情中，都有一个正当的办法。……正当和应该的观念，在一切民风中都是同样的性质，只有其程度是随着所相关的兴趣而变，在怕鬼和战争的事件下，遵守和合作的义务是最繁重，社会制裁也最严厉，因为团体的兴趣发生问题。有的惯例只包含轻微的正当和应该的要素。这大概很可以相信，权利与义务的观念、社会福利的观念，是最先与怕鬼及来世观念相连着发展，因此，这一领域内的民风也就最先升为德型。(《民风论》，页二八—二九。)

从这以上最后一段的引文中，我们便可以看到：孙末楠虽把民风与德型这样地加以区别，但他自己在《民风论》一书中，却将这两个名词用得非常的混乱，这实是一大缺憾。恺莱也曾提及这一点（注二九），他以为民风与德型不能划分得太清楚，太拘泥，因为它们是一串东西的两段，彼此衔接着、牵连着，具有许多共通的性质。但德型之属于另一层级那自然也是不可不于分析中认识清楚。

孙末楠总以为德型的产生是与民风的产生走着同一的途径，因为德型不过是带有评价作用、道德观念，或理论根据的民风，而这些主观的思考往往是在那些风俗习惯已成为民风之后，才加添上去的。所以产生民风的历程便是产生德型的历程。德型虽包含伦理和哲学系统，但这些东西只是其产物，而非其来源。（注三〇）他说：

> 我们也可以见到哲学和伦理是民风的产物。它们是从德型中取出来的，它们绝不是原始的和创造的，它们是从属的和推演的。它们常常在"动作、思想、动作"这一程序中的中间一阶段，进而干预。……事实上，大多数人所走的路并不是一种从哲学和伦理的大原理或大主义而来的演绎，而是一种在现状下求好好地生活的许多琐细的努力，这努力是许多人重复着履行，最后从习惯及一致行动的共同关系中获得力量。由此而成的民风是有压力的，强迫着大家去遵守，支配着一社会的生活。以后它们就好像是真实的和正当的，它们便升为民风，而作福利的标准。一切信仰、观念、主义、宗教、哲学，都是因此而产生，以当时当地文化阶段及思想和推论的时尚为根源。（《民风论》，页三八。）

所以据孙末楠的见解，宏大高远的理论和主义不能产生德型，德型也是由个别地满足各种需要而来的。他既认为造成德型的历程便是造成民风的历程，所以他论及德型的产生时，与其论民风的产生一样，只注重共同生活中相成的各种历程，而忽略相克的一方面。（注三一）因此当他说到奴隶制的德型时，不能不感到他的德型的定义，若用来解释奴隶现象，是不十分圆满的（注三二），因为奴隶制是冲突和暴力的结果，只以合作历程是解释不来的。（注三三）

德型既由民风而来，或者说德型既是某种特殊的民风则民风的基本性质之为德型所同具，那是事之自然。所以据孙末楠的说法，德型有如民风，也是无意识的产生、无意识的应用、无意识地传递的。（注三四）孙末楠虽承认伦理、哲学、主义、信条，及其他一切思考的产物，都是德型的一部分，但他好像以为这些理性的特质，与所谓"意识"并无关系，不然他就得承认这一点学说颇难于自圆。其实我们不可把孙末楠的话看得太呆板，民风和德型中的无意识性只是相对的、非绝对的。有的社会学家以为德型的无意识性较民风为轻，就是说德型比较的是常被人觉察到和讨论到。（注三五）

民风的支配社会行为的势力，一到德型的阶段则特别加厉起来。原因是德型原就是被认为一社会福利所系的、最重要的民风，所以它的压力之大，自远过于其他琐屑的民风。福利的信念一加在某一民风之上，那民风就不但具有习惯的自动的势力，并且得到理性的审定和制裁，同时又推演出无数的理论，扩大其势力范围。德型成立之后，它本身便一变而成社会生活上一切是非善恶的标准。（注三六）那时它即使失去本来的意义，亦往往毫不亏损其威权。它能够使任何事物变成正当的，不让人家对之有所非难。（注三七）其实德型中的所谓理性要素者，原以信仰和情操的成分为多（注三八），真正纯粹理性的成分为少，而且这小部分理性，不是出于推理和演绎，便是出于常识和直觉。（注三九）所以德型的最重要性质还是它的神圣（Sacred）的色彩，它不是凡俗的、机械的，或纯粹实际的。它所包含的理论的成分只是从属的东西，是极寻求解释的东西，其用功只使德型的地位更形巩固。

这种"神圣"的根性一贯的表现于德型的各方面的特征，如孙末楠所谓"惰性"（Inertia）、"坚硬性"（Rigidity），及"持久性"（Persistency）等。（注四〇）这些性质便是整个社会秩序的巩固性的直接来源，所以德型之为社会秩序中的一大磐石，那是不言而喻了。

民风的其他特征，如一贯性（注四一）、传统性等，自然在德型中也是同样的显著，并且是有过无不及。至于德型的范围如何——即其普遍程度如何，我们则于本节第三款中述之。

二、德型与其他社会现象的分别

从以上所述，我们可以断言民风与德型虽有其不同之处，但它们究竟是同类的东西，因为它们的基本性质是一样的。所以此处我们论及德型与其他异类现象的区别时，这里所谓的德型，事实上已包括民风在内的，因此这两个名词在这里是替换着应用。

孙末楠是承认在民风和德型之外，实尚有他种社会生活的轨范的。不过他总以为在这种民风及德型之外的生活轨范，绝比不上民风和德型那样重要。他以为民风德型及其上层建筑（如制度和法律），是占据了整个超机系统中最基本、最主要的地位，其余都不过是附属的、枝叶的、飘摇的部分，所以他把民风的产生、发展、应用、传递等的现象，认为是人类社会生活中的总河流、总干路。（注四二）并且他以为这事实并不因历史时代的不同而发生变动，民风及产生民风的历程之支配现代社会，正如其支配原始社会一样，换言之，现代的社会还是以民风、德型，及其所发展而成的各种制度为主干的。这一点见解是他的整个社会观的最大出发点之一，根本的影响到他的保守的社会政策。他说：

　　造成民风的历程始终没有被别的替代过，或自己有何改变。他在此时进行着正如其在人类文化刚开始那样。"习"与"惯"始终支配着一切的人。他们在生活上是大家所熟悉，所以大家的动作变为无意识的。习惯的行为在屡次重逢的时会下，重复的举行，也会产生同样的结果。社会活动的范围尽可以大大的扩张，兴趣尽可以伸展和倍增，满足需要的物质尽可以繁杂得多，社会合作的历程尽可以来得愈其复杂，契约或统计也尽可以在许多兴趣上，取风俗而代之，但只要事关民众的行为和兴趣，民风则照样沿着自有文化以来所同经的历程，发展下去。进行战争的方法是跟着武器和甲胄的一切新发明而变迁，并且已成为范围颇大的重要的民风。手工业的工厂制度也产生了一大批民风，笼罩住工人的生活，并且把工厂所在地的市镇，从商业的都市及农业的乡村中，分别出来。不用麻线而用棉线，也深入地影响现代的民风。天然力及机器的应用，曾使各阶级生活上舒服的程度大大的改变，但民风虽经过种种形式上的变迁，其品质和威权却照样的保持着。（《民风论》，页三五—三六。）

　　眼前民风仍是时时刻刻的出现。在驿车行驶的时间上有许多民风，适宜于那种旅行方法。电车产生了一些行为方式，适合于城市中交通的方法。电话也产生了一些民风，这不是因为有谁在那里发明和强制执行，乃是为方便地满足使用这器具的兴趣而来的。（同上，页一九。）

民风在整部文化史上都是从这以上所描写的历程中产生出来的。（《民风论》，页二〇。）

这些话可以证明在孙末楠的心目中，民风一类的现象及这一类现象产生的历程，是占据了社会生活中如何重要的部分。他既限定民风为无意识的、非理性的、自动的产物，由是凡与这种条件不合的现象，自然都不能算为民风了，所以他对一切有意识、有目的、有计划的行为，都不让它们与民风和德型相混淆。他说：

凡是有目的研究的、理性的和有意识思考的产物，一切自由团体所正式采纳的方案，有意识地选择的理智的方法，威权者的命令和禁令，及其他一切特殊的契约关系，都不是德型内的东西。其中理性的和有意识的要素，把它们与德型分为两物。……善做广告的人的夸张，设计去惹人注意，和利用大家普通弱点和愚昧等的方法；新闻事业的方法；运动选举的方法；政治舞台上以演说术动人的技俩，及种种狂热的举动；欺诈和煽动人心的流行手段——这一切都不能真正的算为德型的一部分，只是德型的一些征象罢了。它们并不是一社会中人，大家为好好的生活而彼此同时努力与合作的产物。它们是有意识的机智所造成的方法，用以对他人施行暗示的。德型原是关于某一时代的某一社会的信仰、观念、嗜好和欲望等的基本事实。上述的那些行径就是为迎合德型中的这些东西而发，并且证明这些东西的存在。(《民风论》，页五七——五八。)

这可见孙末楠并没有完全抹杀社会生活中所谓有意识、有目的、有计划的理性的产物的。只因为他所着重的社会现象终不离"民俗社会"（Folk-Society）的范围，所以他对于民风和德型这一类以外的现象，总不加以严重的注意和详细的讨论。后来季亭史氏也许即因有感于孙末楠对这一方面学说的忽略，自己便另采一个与"民风"相对立的名词——即"国纪"（Stateways），来并重这两方面的现象。（注四三）季亭史以国纪为"国家"的方法，"政府的方法"，有严格的法律来规定，有立法、行政、司法等的机关来执行。国纪一开始便是有意识的、正式的、机械的、由上而下的。在他的背后是武力为其后盾，处处是带有强制性的。（注四四）所以季亭史所说的"国纪"实最足以补充孙末楠的这方面的社会观的。孙末楠自己也曾郑重的说过，民风和德型这一类的现象是与国家和政府的现象是不同的，它们是属于两个不同的领域。他说：

因德型是"社会"的现象，而不是"国家"的现象；又因行政的机关是属于"国家"，而不是属于"社会"，所以在德型的管理上，有其特别的困难。严格的说，并没有德型的管理这东西，不然，也只是由一些自动的机关，作道德上的劝告而已。国家的行政一涉及德型，则非失败不可，因为它越出了它的领域。(《民风论》，页一一七。)

孙末楠也以为民风与国纪是相辅而行的，但他在这两者的关系中，总以民风为主，国纪为副；民风为本，国纪为末。（注四五）这一点我们于以下说及制度和法律时，当再详细讨论。

三、德型的范围和内容

因为德型是比较重要的民风，是满足比较基本的兴趣，所以它来得不如民风那样的零碎，它比较是粗枝大叶，比较是完整和大块的东西。在每个社会活动的部门中，都有一大堆或一大丛、很严密、很紧凑的德型，一面与初级的民风相衔接、相盖覆，一面又与高级的制度相拥抱、相融化。所以我们可以说德型是占了超机系统中最中层的部分——也是最浓厚的部分。

所以德型的范围是非常的广阔的，孙末楠以为举凡一时代一社会的道德、禁忌、礼仪、社会规律（包括一切日常生活上待人接物的应有行为）、时尚以及与这些现象同时存在的观念、信仰、欲望、理想和嗜好等，都是在德型的范围内。至于经济、政治、宗教及家庭等各组织中的无数特殊的德型，还没计算在内。我们现在也只就孙末楠在《民风论》中所提到的，德型范围内的几种最普通、最主要的成分，略为一述。

甲、道德（Morals）——孙末楠以为德型一旦成立，其本身便变为社会上一切是非善恶的标准，凡是与当时当地的德型相符合的行为，即被那社会中人认为善的、应该的、正当的、道德的；凡是与当时当地的德型不符合或相反的行为，即被认为恶的、不应该的、不正当的、不道德的。（注四六）孙末楠说：

在一个时候，一个团体的道德就是民风中的一切禁忌及

规矩的总和，所谓正当的言行就是为民风所规定。(《民风
论》，页二九。)

德型给每个人以应该如何的观念。这包含应该做什么的
观念……一时代的道德绝不是别的，只是指行为与那时代德
型所要求的，正相符合而言。(同上，页二三一。)

我们将证明所谓不道德并非别的，只是违反当时当地的
德型罢了。因此德型与道德是并进的，世间并没有一种永久
和普遍的标准，可以用来审定这些事物是否正当和真实，或
是用来比较和批评各时各地不同的民风。只有经验能判断某
些惯例是否便利。(同上，页四一八。)

孙末楠因有感于各时代各社会风俗习惯的差异，及德型与道
德标准的不可分开的关系，由是积极的否认有所谓永久和普遍的
道德标准（注四七），并且进而很武断的宣称：以寻求善恶最后标
准为职志的伦理学（或道德学）是一门不可能的学问。（注四八）
但他自己却很矛盾的声言德型有好坏之别（注四九），有盛衰之
分。（注五〇）并且《民风论》中有一处明白的承认：因科学发达
的关系，基督教国家的习俗制度，在大体上比回教国家的习俗制
度，较为优越。（注五一）他说：

好的德型是能够圆满地适用于某种特殊情况的德型，坏
的德型就是不能这样地适应的德型。(《民风论》，页五八。)

德型的好坏总只是相对的，它们的目的是在满足需要，
而它们的品质全视所做到的程度如何而定。(《民风论》，页
一〇二。)

被我们认为其德型劣于我们的德型的一切团体，它们对于它们自己的德型的满意，正如我们对于我们自己的德型的满意一样。德型中的好与坏完全在于它对于当时当地的生活情势和兴趣的调适。所以当社会中人不想到它们的德型，而大家只在德型中本能地合作的时候，这便是太平和盛世的景象。（同上，页七九。）

民风既为满足需要的方法，其奏效的程度自有不同，因此所产生的快乐与痛苦的程度也不同。它们的性质永远是寓于其对于目的的适应中。假如它们不能圆满的适应，或适应得不成功，它们便产生痛苦，这痛苦驱使着人们向前追求更好的。（同上，页五。）

这可见孙末楠一面否认各团体各民族间有所谓永久和普遍的道德标准，以为在一个团体中，当时当地的德型便是唯一的标准；一面又说德型的好坏全视其适应需要和目的的程度如何而决定，这岂非等于说在一切德型的背后，尚有一种最后的标准——以快乐与痛苦的情感为权衡的标准。（注五二）所以若按这后者之说，不同时代和不同社会的德型是可以有办法比较和批评了。以行为、习惯、风俗等事实的本身为其他行为的准绳，固然是一社会中大多数民众的行径，但在客观的、分析的、归纳的科学上，似不能不承认在风俗习惯之外，还有一种较普遍、较基本的道德原理在。这一点或为孙末楠所忽略。

乙、禁忌（Taboos）——严格的说，禁忌本是道德一部分，孙末楠论道德时已曾提到。（注五三）不过因为禁忌有其特殊的意义，故我们此处另开一项来说明。关于禁忌，孙末楠自己有一段

很简要的话如下：（注五四）

德型中一定有一大部分是禁忌，禁忌指明什么是不应该做的，禁忌的来源有一部分是因为对于鬼神的神秘的恐怖，深怕某种行为会冒犯他们，不过也有的是因为由经验中发现某种行为会产生不如意的结果，特别是在觅食、战争、卫生及人口增减等的事件中。禁忌比正面明确的规律包含着更多的哲学的要素，因为禁忌含有一种推论的解释。例如：相信某种行为会触犯鬼神。原始的禁忌是反应着一种事实，就是，人生是为种种危险所包围。他探寻食物的时候，因须防避有毒的植物，而有所限制；他的嗜欲也不能让其过度；他的体力和健康须好好的保护。禁忌是带着各代人所累积的智慧而传递下去的，这智慧的代价差不多完全是由痛苦、损失、疾病和死亡所凑成。别的禁忌是禁止种种危害团体的行为。关于男女财产、战争及鬼神的法规，都有这种的性质。它们都包括一点社会哲学。它们有的是神秘的，有的是功利的，有的是二者混合的。禁忌可以大别为两大类：1. 保护的和 2. 破坏的。有的禁忌，目的是在维护和取得某种事物，有的则在压制和消减某种事物。女人有时是受制于一些不利于她们的禁忌，这些禁忌以她们为男人的祸根和危险物；但同时她们也受制于某种禁忌，使她们免掉许多男人的义务和冒险的责任。因为禁忌中有这样的分别，所以禁忌是带有选择作用的，也因为它们对于文化的过程是有所影响。它们包含着对于社会福利的判断。（《民风论》，页三一。）

丙、仪式（Ritual）——孙末楠以为仪式是德型中最重要的一部分，因为德型的维持和发展，都是靠仪式的作用。他说：

仪式是德型所借以成立并发展的作用。……在原始社会仪式是最通行的行动方法，原始宗教差不多完全是包含着仪式。仪式是训练，及从训练而来的习惯的完整形式。受命的动作若机械的、呆板的重复演习，势必亦流为仪式。婴儿和儿童若受制于某种仪式，则终身不能摆脱此种仪式的影响。……我们在人们的态度举止，殷勤文雅的礼貌，及一切有轨范的行为中，都可以看到仪式的效力。所谓礼仪（Etiquette）就是社会仪式（Social Ritual）。仪式并不只是平易的服从平常惯例而已。他是严格的遵守那细微和拘泥的规则。它不许有任何例外歧异。纪律愈严，仪式支配动作和性格的力量则愈大。……仪式是与字句、姿势、象征和符号等相关的。心理上联合作用一旦成立，只要信号重现，则动作必继之而起，无论意志是否赞同。仪式若是具有节奏，或当与音乐、诗歌，或其他有韵律的艺术，联在一起的时候，则其力量更大。动作是仪式的跟着终而复始的节奏拍子，不断的重复着。昼夜的轮流，在大多数人的生存奋斗中，产生了大家同时起来睡觉、工作和休息的节律。不同的节季也产生工作的节奏，仪式可以藏蓄着功利的、便利的或福利的观念，但这种观念在仪式中总变成无关重要，并且只是下意识的存在着。……一切的仪式都是拘泥的、庄严的。它总是有变为神圣的趋势，并且也使与它相关的事物变成神圣的。因此，在初民社会，举凡敬畏的情操，对于权势和传统的服从，以及有纪律的合作，都是借仪式而教导的。仪式施行不断的暗示，而这暗示便立即在动作中发生作用。所以，仪式能启发情操，而并不教诲主义。当仪式不利激思想的时候，就是它最坚强的时候。原始宗教以仪式为主，这并非因为宗教造成仪式，而是因为仪式造成宗教。仪式是给人做的东西，不是给人想或感的东西。大家都能够做那应做的动作，虽然他们未必都能够想那应想的思想，或感到那应有的情感。因心理上的联合作用，动作可以带来前此与其所相关的种种情操和心理状态，特别是在童年期中为仪节、音乐、歌唱、戏剧等所影响的那种幻象。世界上没有一种信条，没有一种道德的规律，没有一种科学的实证，能够像童年时所训练的行为习惯，及其所连带的情操和心境，那样的深刻影响一切人的生活。(《民风论》，页六〇—六一。)

德型就是我们全体于无意识中一齐参与的社会仪式。关于工作时间、吃饭时间、家庭生活、男女社交、行事的得体、娱乐、旅行、假期、教育、杂志和图书馆的使用等的流行的习惯，及其他无数生活上琐屑的部分，都是属于此类的仪式。每个人都这样做，因为各个人都这样做。在一大数目的人类对于一切事物的关系上，在全数的我们对于许多事物的关系上，有"大家怎么做，我也怎么做"这个原则就够了。暗示和联合作用使我们相信大家所做的事情一定是有用处和有智慧的。一大丛的民风给我们以纪律，并维持生活的常规和习惯。假如在开始动作之前，我们对于这些事物，都得一一自加判断，必须做得合乎理性，那我们就无法当得起这样的担负，仁爱的习与惯使我们免得这麻烦。(同上，页六二。)

丁、社会规律（Social Code）——我们上面说过，德型与道德几可以说是二而一的东西，所以凡是德型范围内的事物，都是与道德有分不开的关系。因此孙末楠所谓社会规律也无非是道德中极重要的一部分现象。他在社会规律的总题下，只提及"贞洁"（Chastity）、"检点"（Decency）、"谦和"（Modesty）、"得体"（Propriety）和"礼貌"（Manner）等几点。他说：

> 贞洁、谦和与检点是完全彼此独立的。民族志中关于这一点的证据已够完备。贞洁意谓遵守男女关系上的禁忌，无论那时候、那社会的这种禁忌的条件和界限如何。所以一妻多夫制成为一社会的德型的时候，遵守这德型的女人就不是不贞洁的。检点是关于肉体的遮蔽和肉体的功能的隐匿。谦和是行为和情操的含蓄。它与贞洁和检点是相关的，但它所包括的领域比它们的大得多。它是涉及言行举止、姿势态度等……得体是德型中一切规则的总和，这些规矩规定什么是正当的行为，并指明界限，以防过度和罪恶的行为。它不是法律所命令。它是一个飘忽不定的观念。不过，得体的规则常常制定为警察法律。得体是靠羞恶之心为其保证，而这羞恶之心乃是一个人因违反德型所命令大家遵守的惯例，致为大家所不容时的一种苦痛的感觉。……在得体的领域之外便是文雅、恭敬、好礼貌、仪容、风度、合式等的园地。这些东西的定义全视其中的界线尽在那里，而这种界线始终是习俗的，只能够在传统和社会接触中领会其所在，绝不能表之以公式。（《民风论》，页四二○—四二一。）

孙末楠以为这些社会规律都是人类对于人性和生活情势的适调的产物，我们不可目之为传统所给予社会的、无需要和无意义的重负。虽然其中有许多是完全或一部分源于虚荣、迷信，或原始巫术，但他们是经过许多世纪的经验的精选，而在生活上已经证明为便利的。（注五五）论到礼貌的意义时，他说：

> 文雅、恭敬，和好的礼貌都是惯例（译者注五六），但它们若变为一个民族的品格的一部分，它们便深入德型的层级，因为那时它们会产生种种特质，影响到一切社会的关系。未开化的民族往往非常拘泥的注意那些关于行礼、拜访、聚会、敬老等的礼仪。因为他们的一切规则都是威令的，不容讨论或例外，所以这些礼仪便构成为一种社会仪式，教育者某种情操，虽然未必都能够达到目的。礼貌和礼仪的功用是在使一切社会关系和滑的进行着。（《民风论》，页四六〇。）

戊、时髦，狂热，假装，虚饰，理想，嗜好等——孙末楠以为德型也应包括这些社会流行的现象。但他对于这些现象都没有作任何明白的定义，也不曾分别个清楚，关于这些现象的普通性质及它们与德型的关系，他是这样的说：

> 时髦、狂热、虚饰、娇柔造作、装模作样、理想、妄狂、流行的蠢惑、愚昧、罪恶，这一切都要包括在德型以内。他们有品性的质素和品性的影响。无论别的时代的人觉得他们是怎样的轻浮和无智，但他们也无非是一种尝试去好好的生活，去

满足某种欲望，或去获得某种的好处。（《民风论》，页五七。）

有许多大众的现象是比德型较次一层，缺乏与福利有关的真实和正当的要素。他们又进一步，更明显的证验一切民众运动驾驭个人的力量是何等之大，这就是指时髦、装作、狂热和虚饰等而言。（《民风论》，页一八四。）

因此，弥漫在一社会中的虚荣、欲望、偏见、信仰、爱好和厌恶，压迫着一切的叛离者，而使自己变为愈益强有力的大众现象。然后他们便影响到各种的兴趣，严厉的控制着个人，而造成无数的牺牲。他们联合起来便组成一个行为的繁网，就是这繁网构成了社会生活和历史。他们施行着选择，把有的容纳进来，把别的驱逐出去，将结果放在未来的社会组织上，他们的影响透入品性、道德的色调、人生的哲学、伦理的原理，及支配人心的情操；由是他们影响到德型，甚至进入德型之中。这整个东西就传给新兴的一代人，作为他们的知识、信仰、政策的基础，及义务和良好生活的规则。（同上，页二〇〇—二〇一。）

孙末楠于这些现象之中最注意的是时髦。他说时髦绝不限于装饰而已，举凡用具、语言文字、建筑、文学、教育、信仰、理想（如理想的美、理想的人格）、娱乐，以及社会生活上无数琐碎的部分，都有时髦的足迹（注五七），狂热和虚饰等其他同类的现象似乎都是时髦的附带作用。（注五八）妄狂（Manias）和迷惑（Delusions）跟时髦一样，它们也是一种社会或群众支配个人，而行使社会选择，并沾染一时代、一社会的生活及文化的现

象。（注五九）

乙、身份（Status）——身份又是德型中的另一极重要的部分，孙末楠说：（注六〇）

> 民风造成身份。在团体、氏族、家庭、邻里、品位或阶级中，当会员时所占的地位，便是身份的例子。每个男人和女人的权利和义务都是为身份所规定。没有一个人能够随其愿意进入某一身份与否，而自由选择。譬如，一到成年时期，大家都结婚。婚姻具何意义，和所谓丈夫或妻子到底是什么（就是说彼此的权利义务如何），这些都是给身份预先限定，没有一个人能够变更风俗所指定的关系。身份之所以别于制度和契约者，就是因为他是德型的直接产物。在每一个身份的例子中，都有一个兴趣为核心，其周围是许多民风环绕着。……一个人生于一个血缘团体、一个部落、一个民族，或一个国家中，他都有一种身份，这身份决定他的一切权利和义务。（《民风论》，页六七—六八。）

第四节　制度与法律

一、从德型到制度和法律

我们知道在文化发达的民族中，所谓超机系统并不以德型为止境，在德型之上原还有一种更大规模的建筑，就是制度和法律。孙末楠以为主要的制度和健全的法律都是由德型发展而来的，但它们却与德型有不同的地方，他自己对于这一点已说得很明白：

> 当民风变成制度或法律的时候，它们就改变其品质，而与德型有所差别。情操和信仰的要素附随于德型中。法律和制度有一种理性和实际的性质，并且是更为机械的和功利的。最大的分别是制度和法律有一种实证的性质，而德型是非以公示表明，且没有明确规定的。……在法律和制度下的行为是有意识的、自动的；在民风下的行为总是无意识的、非自动的，因此它们好像有一种自然的必然性。……法律是明确的命令，它们一被采纳，便取德型而代之，但当法律和法庭失败的时候，德型就发生作用。在没有法律或警规的地方，德型则笼罩着那共同生活的大领域。它们既包括着一大未经明确规定的园地，又另辟途径，进入新的、未被管辖的园地去。所以德型时时建立为法律和警规。（《民风论》，页五六—五七。）

由此可见在孙末楠的脑中，德型与制度和法律的最大差别，是在德型是神圣的、以习惯情操和信仰为基础的，而制度和法律是比较凡俗的，因为其中理性的要素较为发达，其中目的与手段间的关系被看得较为清楚。所以从民风、德型，以至制度和法律、意识，理性和强制性的程度都是逐步加增的。（注六一）民风以习惯为后盾，德型以舆论为后盾，制度和法律以武力和权力为后盾，并且有一定的机关和员司去执行。总之，制度和法律是发达得最成熟、最极端的东西，它们是演化阶层的最高一级，它们虽然是建筑在民风德型等下层结构之上，但其本身却有显著的特点，这一点我们于下文当再细述。

关于"礼治为法治之本"的见解，孙末楠是特别着重，他说：

> 立法的法令是从德型中来的。在下等文化的社会中，一切社会的规则都只是风俗和禁忌，它们的起源，没有人知道。明定的法律非到思考、批评、证验的时期，绝没在存亡的可能。在这时期之前，只有习惯法或普通法。习惯法尽可以按着某种哲学原理，编成体系，而仍不失其为习惯法。……立法必须在现成的德型中找根据，它要变成强有力，一定须与德型联成一气。在德型中的事物往往编为警规，然后再进而为明定的法律。……警规须与德型一致，使得公众不以它们为太严紧或太宽松。我们都市和农村的德型是不同的，因此由其中一部分人口所促成的禁酒立法，在其他部分人口则失其效力。……关于酒馆、赌窟、娼寮等的规则，都曾经过上述的那些时期，是否把某一事物留在德型中，或把他定为警规或刑法，这始终是便利问题。……法律的制定总牺牲到风俗的弹性和自动适应力，不过它是比较明确的，并且有切实的制裁为后盾。富有意识的目的形成的时候，制定的手段便可以使用；人家常相信这种的目的可以借某种将来的方法，在社会中达到。……不同社会或不同时代的德型的品质，往往视其对"以制定法律为达到社会目的的手段"一点，其信任及准备程度如何而定。（《民风论》，页五五—五六。）

这话也证明孙末楠并非完全否认一切创制的立法为不可能，

他所注意者只是立法的条件罢了。

二、制度的要素和本质（注六二）

孙末楠说：

制度和法律是从德型中产生出来的。一种制度已包含着一个概念（意兴、观念、信条、兴趣）和一个结构。这结构是一个骨架，或机械，或只是几个执行职务的员司，在某一时会下，按着所规定的方法从事合作。结构扶拥着概念，并供给种种工具（或方便），把这后者带到事实和动作的世界去，在某种方式下去满足社会中人们的兴趣。制度不是增长的，便是创制的。假如它们是在德型中形成的，也是循着产生德型的那种本能的历程而生长的话，那它们便是增长的。那种活动经长期的实行之后，就变为固定的和明确的。财产、婚姻和宗教是最基本的制度。它们开始于民风，然后变成风俗，若再加上些微关于福利的哲学之后，便发展而为德型，无论那些哲学是如何的粗浅。然后它们在规则指定的动作，及所应用的工具等各方面，都更形固定和明确。这就产生了一个结构，制度到此亦告完成。创制的制度是理性的发明和计划的产物。它们是高等文化的现象。银行是一种基于惯例的信用的制度，而这些惯例可以溯源于未开化时代，后有一个时期人们由经验上理性思考的启发，遂把早已流行的一些惯例，加以整理和规定，由是造成了实证的信用的制度，为法律所确定，为国家的势力所制裁。纯粹创制，而又巩固和发达的制度，在社会上很难找到。欲为一个目的，毫无背景的发明和创造一种制度出来，这工作实在是太难了。……一切的制度，都是来自德型的。虽然其中理性的要素有时变成这样的巨大，使得它们源于德型的这一事实，不复为人家所认识，除非靠历史的考研。财富、婚姻，和宗教差不多还是完全在德型中。（《民风论》，页五三—五四。）

我们从这一段话中可以看到孙末楠的制度观，最少包含有以下几点重要的见解：

甲、一种完全的制度必须含着一个概念（指某种观念、兴趣、信条、主义、目的等而言）和一个结构。结构对于概念的意义在于行使某种固定的功能，使概念得以实现，或兴趣得以满足。我们对于这一点所要注意的是：孙末楠此处之所以把结构一物认为是一个完全的制度的必要条件者（注六三），其所以不言需要或兴趣，而另用概念一词者，原因大概是要说明制度是最前进、最完成的东西；其中基本的无意识的需要已经概念化、有意识化；其中的功能已不如在民风和德型阶段中那样的简单，它的复杂程度需要那行使特殊功能的人，固定的、长久的结合着，并且需要更繁杂的物质上的工具，由是结构便具体化，而具有规模。就是因为孙末楠特以结构为制度的基本要素，他所谓的制度才所以与"组织"（Organization）和"社群"（Association）不能分别。（注六四）所以若以概念的科学功用言，孙末楠所谓的"制度"一概念，实不无相当缺点。（注六五）

乙、社会大多数——尤其是主要的——的制度都是从德型中发展出来的。孙末楠虽说制度可以分为增长的和创制的两种，但按他的语气，似乎又否认制度有创制的可能，这里又表现他的一贯的侧重与这种无意识的、本能的社会历程，而轻视有意识的、理性的社会历程。

丙、无论制度是创制的或增长的，它总具有一大理性的成分，这就是使孙末楠以概念为制度的要素的原因之一，派克所谓制度的凡俗化，也就是指此而言。

三、人类社会主要的制度

文化是人性与环境适调的产物。人性是以需要为最后的动力。需要造成兴趣，兴趣产生种种寻求满足的行为。人类生于自然环境中（物质及动植物），同时亦生于社会环境中（同类），所以要满足需要，不但须对付自然，并且须对付同类。对付自然是与自然奋斗，对付同类是与同类竞争和合作。与自然奋斗的结果，便找到许多控制自然的方法；与同类竞争合作的结果，便形成种种固定的关系。由是这些方法和关系变成大家满足各种需要的行为的常轨。这种常轨的最原始形态或阶段，即所谓民风。因民风是满足兴趣的手段，所以它们的性质和种类，都是为其所满足的兴趣所决定，所区分。在满足同一兴趣的民风中，便有一种相同的性质、连带的关系，和自然的秩序。因此若以兴趣比之核心，则在每个兴趣的周围有许多同类的民风环绕着织成一个小小的系统。在这许多小系统之中，有一些较大的、以重要兴趣为核心的系统，发展为德型，造成更大的系统；这些更大的系统中又有一些较大的、以基本兴趣为核心的系统，发展为制度，造成最大的系统。这全体大小系统组合为整个超机系统，构成了严密的社会秩序。

制度既是以主要的，基本的兴趣为核心，所以一社会中制度的种类，为数绝不能很多。也就是因为制度是按着特殊兴趣而集合成簇的行为方式，所以制度的分类法总是离不了功能分类法——以各种活动的功能（满足何种兴趣）为标准的。

孙末楠对于社会制度的分类，是以四大兴趣为出发点的。这四大兴趣为：饥饿、性爱、虚荣和恐惧。这四者中除虚荣一兴趣外，其余各个都产生有巨大的制度，今略为举述如下：（注六六）

甲、饥饿——经济组织和财产（社会自存本部）；政治组织或调节组织（Regulative Organization），即政府（社会自存属部）。此处孙末楠所以把政治制度与经济制度同列入饥饿一兴趣之下者，是因为他以为政治制度所关涉的社会关系乃是由生存奋斗而来，它虽与经济制度有相当领域上的分别，然究都是为满足一个共同的、最后的生存兴趣所以都是在社会自存的范围内。（注六七）

乙、性爱——婚姻与家庭制度（社会自续）。孙末楠虽以性爱为产生家庭制度的兴趣，但同时又极重视其中经济的因素。（注六八）他又以为人类之分为男女两性（Bi-Sexuality）是婚姻和家庭制度的最基本事实。（注六九）

丙、虚荣——服装、装饰等的炫耀、夸示、一切为体面而作的铺张，及各种娱乐、游戏、赌博、刺激品的嗜好、跳舞、戏剧和艺术等（社会自享）。因为虚荣并非最基本的需要，它是自存自续既得满足后的升华的欲望，所以它所产生的活动也只是一些寄生在主干制度之上的、零散而微末的组织。（注七〇）

丁、恐惧——宗教制度（社会自存属部）。孙末楠所谓恐惧是指人类对于超自然力量或鬼神的恐惧而言。他以为造成这种恐惧和鬼神观念的最重要因素，是人类生存奋斗上的一种不测的成分。

不幸和痛苦的经验迫着人思想，思想供给种种解释，以为人间的祸福全为鬼神所操纵，由是产生巫术和仪式，为讨好和控制神秘的势力的手段，因而发展为宗教制度。（注七一）就是为着宗教的起源和性质与生存奋斗有这样连带的关系，所以《社会的科学》一书，把宗教制度亦归入社会自存的领域。

各种制度在分析上虽不能不这样区分，但在事实上他们是互相贯穿，互相混杂，互相叠置的。每个制度也不能只以一种兴趣即能解释，在各种制度之中也并没有极分明的界线，这一点即在这分类法本身中，亦可见到。（注七二）

第五节　民族性（Ethos）

最后，合一社会的各种民风、德型，和制度，而成为那社会超机系统的总体，它表现着那社会独立的精神、特殊的品格，或与众不同的个性，这总体孙末楠称之为"民族性"（Ethos），取希腊人"团体性格"（Group Character）的原义。我们平常所谓社会的"普通文化"（General Culture）和时代精神者，与孙末楠所谓"民族性"，所指原为一物。（注七三）孙末楠在《民风论》第一章中把全书的基本概念解释之后，在章末才最后提出"民族性"一概念，来拢括整个系统。他说：

> 在这一章中所说的一切关于民风和德型的话，把我们引到团体性格的这个观念中，即希腊人所谓民族性。民族性乃是一个团体的特质的总和，就是这个东西使一个团体从别的

团体中个别化和分化出来。亚洲东南部的几个大国家，长久的没有与其他人类做亲密的接触，并且自相隔离，各自生活于传统的民风中……结果，日本、中国及印度都各自变成一个坚强、巩固而明显的单位团体，各具一种非常显著的正反的性格。(《民风论》，页七○—七一。)

于是他就继以分析日本、中国及欧洲的民族性，而结论是：日本的民族性自古以来在骨髓里便是军国的；中国是产业的和唯物的；欧洲各国严格的说，只有一种民族性——虽然各国都有其地方的色彩，原因是彼此的文化与过去二千年中，混杂得太厉害，互相影响得太深刻。

最后他又说：

显然，一种坚强的民族性的力量是何等的伟大。每个团体的民族性都值得澈底的研究和批评。它是一种为善或为恶的统治力量。现代的学者错误的把许多属于民族性东西，认为属于"种族"，而结果引起遗传与教育何者较为重要的辩论。有的则从事于探讨"民族的灵魂"，而尝试于创立"集合心理学"，把个人心理学上此时所抛弃的学说，重用来解释团体现象。历史学家在那里摸索民族性，而想写出某某国家的"某民族"的历史。民族性使各个团体个性化，而把它们分开。它的反面便是世界大同主义。它往往堕落而为爱国的虚荣及狭隘的国家主义。工商主义会使它衰弱，因通商增进与外族的关系。它与军国主义似乎最相得。它把大和民族团结起来，好像战争中一种单纯的武力。日本人的宗教除了变成一种势力，把整个严密的组织，紧紧的锁在一起之外，其余的性质则损失殆尽。

本章附注

注一　《民风论》，页 iv，三五；以上，页一七。

注二　《民风论》，页三四。

注三　《民风论》，页三六一三七。

注四　《土地的饥饿及其他》，页三二四；《事实的挑战及其他》，页八八，三二五；《被忘却的人及其他》，页一八七；《民风论》，页八〇，一六八，三四二，三八二。

注五　《社会的科学》，卷一，页三〇。

注六　孙末楠论民风的重要材料见以下各处：《民风论》，页二一四，七，一八一二〇，二四一二五，二八一三一，三三一三八，五三一六八，一一九，一二三，一三一一一四一，二六一一二六三，三一二一三一三，三二八，四七三一四七八，四八〇一四八一，四九三一四九四，五〇九；《战争及其他》，页一四九一一五一；《社会的科学》，卷一，页二九一三五。

注七　《民风论》，页 iv。

注八　同上，页五。

注九　同上，页一九一二〇。

注一〇　参看《战争及其他》，页一四九一一五一。

注一一　《土地的饥饿及其他》，页八一一八二，三二四；以上，页一一一一一二，一一七。

注一二　《民风论》，页二四一二七。

注一三　同上，页三〇一三一。

注一四　以上，页六一。

注一五　以下，页一九〇。

注一六　《民风论》，页二，三，八，一九一二〇，三三一三五，五七，一三一一一三二。

注一七　同上，页二，三四。

注一八　同上，页二，二八，六七，七九。

注一九　同上，页五七；以下，页一四四——一四五。

注二〇　同上，页三五，四五——四七。

注二一　同上，页八四。

注二二　同上，页三，五，七，二四，二七——三四，三八；以下，页一四四——一四八。

注二三　《民风论》，页五，六——七，二六，三二——三三，三八，九九——一〇〇；《土地的饥饿及其他》，页二二一。

注二四　《民风论》，页三八。

注二五　《民风论》，页三六，三九，七〇——七四，七八，三五三，四二〇；《战争及其他》，页一四一——一四六；《社会的科学》，卷一，页五〇二，卷三，页一五三三——一五三四，一九九七。

注二六　Malinowski, B., "Social Anthropology", *Encyclopetia Britannica*, 14th edition, Vol. 20, pp. 862—870.

注二七　以上，页七〇——七八。

注二八　关于什么是德型这一点的重要材料见以下各处：《民风论》，页三，二八——三九，五三——六二，七五——八〇，四七三——四七八，六〇六——六〇七。《战争及其他》，页一四九——一五一；《社会的科学》，卷一，页三——三五。

注二九　Keller, *Societal Evolution*, p. 45.

注三〇　《民风论》，页三〇，三七——三八，五九——六〇，三五三，四二七，四七五，四七七，五一〇，五三二。

注三一　同上，页三三——三四，三八，五七，一三三——一三八，二六一。

注三二　同上，页二六一。

注三三　同上，页二六一——二六二；

注三四　以上，页一三六——一三八；《民风论》，页三二，三四，四五——四六，五三——五七，五九——六二，七六——七九，九五，四七六——四七七。

注三五　Cooley, C. H., Angell, R. C., Carr, L. J., *Introductory Sociology*, pp. 94—97.

注三六　《民风论》，页二八——二九，三六，三八，七九——八〇，四一八——

四七三；以下，页一四八——一五一。

注三七 同上，页五二一——五二二，五三三，五六一。

注三八 同上，页五六。

注三九 同上，页二八。

注四〇 同上，页七六一八〇。

注四一 同上，页三九。

注四二 同上，页三，三四——三五。

注四三 Giddings, F. H., *Studies in the Theory of Theory of Human Society*, pp. 190—193; *Civilization and Society*, pp. 56—63；《社会学刊》，第四卷，第一期（季亭史专号），页二六——二七。

注四四 Giddings, F. H., *Studies in the Theory of Human Society*, p. 56；*Civilization and Society*, pp. 92—93；《社会学刊》，第四卷，第一期（季亭史专号）页二六。

注四五 《民风论》，页五四一五七，五八五——五八六。

注四六 关于德型在民众即道德标准说，可参看以下各处:《民风论》，页二八——二九，三六——三八，五八一五九，七九，二三一，四七三。

注四七 同上，页三七，四一八，四三一，四六三——四六四。

注四八 同上，页三七——三八。

注四九 同上，页五八——五九。

注五〇 同上，页九九——一〇七。

注五一 同上，页四七四。

注五二 同上，页六一，一三三。

注五三 以上，页一四九。

注五四 关于禁忌的讨论，可参看:《民风论》，页二八——二九，九九，三四八，三五三，四四五;《社会的科学》，卷二，页一〇九五——一一三二。

注五五 《民风论》，页四一九。

注五六 孙末楠以为惯例（Usages）与德型稍为有别，惯例是不含福利原理的民风，不过它有方便的好处，因为它使大家有了一种契洽，各人都知道他所被期望做的是什么。（《民风论》，页五七。）

注五七 《民风论》，页一八二——二〇七，特别页一八八——一九五。

注五八　同上，页一九七—二〇〇。

注五九　同上，页二二〇。

注六〇　参看《战争及其他》，页六八；《社会的科学》，卷三，页一七三八。

注六一　Cooley, Angell, Carr, *Introductory Sociology*, pp. 89—95.

注六二　参看以上，页二三—二五。

注六三　《民风论》，页三四八—三四九；《社会的科学》，卷一，页五二二。

注六四　以上，页二五。

注六五　参看，MacIver, *Society: Its Structure and Changes*, pp. 15—17.

注六六　《社会的科学》，卷一，页八八—九二；以上，页二五—二八。

注六七　《民风论》，页一一九—一七二；《社会的科学》，卷一，页九五—七三四。

注六八　《社会的科学》，卷三，页一四九四—一五〇九，一五一四—一五一八；《民风论》，页三四五；《战争及其他》，页八。

注六九　《民风论》，页三四四—三四五；《社会的科学》，卷三，页一四八五—一四八七。

注七〇　《民风论》，页五六〇—六〇四；《社会的科学》，卷三，页二〇四一—二一五九。

注七一　《民风论》，页五—七，八—一一，二四—二六，三二，五〇九—五二〇，五三三—五五九；《社会的科学》，卷二，页七三七—七九〇。

注七二　《社会的科学》，卷一，页九〇。

注七三　《民风论》，页三六，五九。

第三篇　社会学观

小　引

在第一篇中，我们曾经说过：孙末楠受斯宾塞的影响最大的地方，不是在某点学说，而是在社会学领域和方法上的启示。同时，孙末楠自己是美国社会学界的老前辈，早在一八七六年左右即已开始教授社会学，据后人考据，那是美国最早的一门社会学功课。（注一）因为这个背景，所以孙末楠对于社会学本身的见解，有许多地方很像斯宾塞，同样的带着很浓厚的草创时期的色彩。例如他也跟斯宾塞一样，很费劲的在那里说明社会学的需要、困难，及其可以成为科学的可能性等诸问题，此外对"社会学是什么或不是什么"一问题，也不惮烦的屡次加以讨论；尤其是对科学精神、科学态度一层，特别卖力鼓吹。他虽然没有像斯宾塞那样以专书发挥这些问题，但我们在其几篇对于讨论社会学的论文中——其实应该说是在其全部著作中——似乎也不难深切的了解其意旨所在。为了时代不同，他对于许多挽近所视为焦点的问题，非但未曾充分发挥，有的尚且还没见到；所以，这位先进的社会学家在这一方面的言论，以现在的眼光看来，有的也许已不免陈旧之诮，或至少也要被认为没有什么新颖意见的老话了。

第一章　社会的成立

第一节　社会学的需要

关于一门学问的需要这个题目，在先驱者的地位上本来是不能忽略的，孙末楠果然也不曾例外。他自与社会学发生关系之后，一直到死，对于社会学的需要这一点，总是毫不放松，大有把他整个对人类社会前途的希望都放在真正的社会学身上之概。

我们此地应先知道，在孙末楠眼里，社会学的终极目的也是脱不了增进社会福利的。他看到了一切错误观念、假科学、伪知识在文明社会里为害之剧烈，感到了武断和盲动的可怕，于是在消极方面他转向"无为政治哲学"，在积极方面则只好向真实知识、真实社会科学的路上推进。他说：

> 我们孔亟地需要着一门研究社会生活的科学，这需要是与岁俱增的。我们忽略了一个重大的事实，那就是，在过去一世纪中，科学与技术的大进步，产生了许多社会结果，并且引起了许多社会问题。（《被忘却的人及其他》，页四〇二。）
>
> 显然，我们的社会科学是远落在其所应负的责任阶段

之后，而这个责任是整个机体中最大和顿时的变迁所加上来的……我们现成的关于生活的科学和生活的技巧的传统，是不足以妥善应付的……（同上，页四〇三。）

一切非均匀的进步不是真正的进步，那就是说，人类活动的各部门都得平均地发展，否则若有某部分落后，势将牵制全体的前进。照此而言，我们若不能产生一门研究社会生活的科学，广阔到可以借以解决眼前由科学和技术的发展所引起之一切社会问题，那我们将眼见这些科学与技术的成就都为社会反动和暴变所扫荡。（同上，页四〇三—四〇四。参看《土地的饥饿及其他》，页一〇八。）

……社会组织越高，它便越变为纤巧，各方面及一切细微的影响皆足加以损害。一个高度复杂、高度纤巧的社会组织呈现着大批形形色色的现象……若用所谓伦理的原则来分析和解释这些现象，那是世界上最容易不过的事情，但若想了解我们所应做的是什么，那是有人类以来最绞脑汁的工作。我们夸口我们在科学和技术上成功，那知这些成功却造成了一种社会组织，而且产生了许多我们所不能不顾的问题，使得我们若不妥为解决，则势将连累摧毁了其他一切的成就，而回到未开化时代那种状态去。（《事实的挑战及其他》，页三四〇—三四一。）

这些话简单的说来，即是社会愈复杂，文化愈发展，危机亦愈大，社会科学的需要亦愈迫切。我们的社会科学对于我们的社会问题（嚣张的虚伪学术在内）实在是太供不应求了，唯一的补救办法只有急起直追。

这以上还是从一般科学的社会知识的需要上讲。孙末楠对社会学之所以觉得那么样需要，原来是别有一个大原因。这个原因便是他从早年起就对经济学、政治学等很失望，以为唯有采取社会学的观点和方法去研究社会，才有出息；要在着眼整个社会和社会各部分的关系下，去研究特殊社会现象，始可减些偏狭武断的危险。所以，在他，社会学的需要是超乎各特殊社会科学之上的。（注二）

现在引他的两句很肯定的话来作结束，他说：

> 人类假如有所谓从苦难和悲惨中拯救起来的机会，这救星一定是知识和使用知识的训练。（《土地的饥饿及其他》，页七三〇。）

> 研究生活的科学是教我们如何地共同生活在人类社会中。它是诸多科学中，与我们的快乐和幸福，关系最大的一种。（《被忘却的人及其他》，页三三七。）

这两句话已足以表现孙末楠对社会学所感到的需要是怎样的迫切，与其对社会学的属望是如何之殷了。

第二节　社会学的困难

斯宾塞把社会学的困难分为"在心之难"与"在物之难"两种。孙末楠虽没有这样明白的分法，但据其论点而断，实则也不外乎此二者。他将一部分社会学的困难属之于人的理智的错误和情感的错用；同时又把另一部分困难归到社会现象本身的高度复杂性，及难于作试验的研究。关于第一类困难，他一生特别致力于批评和提醒的工作，也是他引为急切需要真正的社会学的理由之一。

他以为社会现象虽是万分难解，而从古以来却是为人人所争相揣测，所自以为皆有资格讨论和评断的。自妇人小子以至对于自然现象素具客观精神的科学家，独对社会现象、社会问题无不勇于高谈阔论，无不易于产生成见，所以过去大部分社会思想方为非科学的成分所占据。（注三）

观过去各个科学成立的历史，没有例外的都是从玄学中打出来，与之脱离关系，自己创立新生命。一切科学要解放自己，总须经过一个与传统抗争的时期。（注四）社会学是诸科学中最后的一个，也是一块污浊的园地，此时它正在进行这种苦斗，它的困难自较其他一切科学为甚。（注五）

所以，孙末楠对于超绝主义、神秘主义、武断精神、世界改造家、慈善家、人道主义者、宣教师、冥想的哲学家、伦理哲学家、玄学家及情感主义者等，一概不遗余力地攻击；以为社会学非与他们绝缘，将永无光明之日。（注六）

第二类社会学的困难在孙末楠看来是由于社会现象本身的难治，他以为呈现于我们眼前的社会现象无一不是一种复杂的化合物，要想认真的加以解释，实非易事。在社会科学中我们为方便起见常说"假定其他条件是相同的"这一句话，其实在真实的社会现象中那里有这么一回事。严格的说，在个别社会现象中，原因成分的结构绝无与其他类似的社会现象有相同的可能。各种因子的不同凑合往往复杂到使我们觉得类似的原因时时会产生相反的结果。（注七）从结果到远因，中间不知几经回转和曲折，我们不能照自然科学办法把社会拿来试验，或化杂为简，或绝缘某某因素，所以社会学需要一种特别精巧机敏的方法。（注八）他说：

> ……研究社会各机能的结构和功能是费时而困难的，且迄今尚未有可观的收获。我们若希望有所成就，非对历史作长久的研究，和对制度作慎密的审查不可。我敢大胆的说，除了最深的数学之外，社会学要算向人类脑力作空前的要求。……我们脑中必须抓住一大批变数，估量它们的价值，牵引出它们的结果。虽然我们对于它们大部分都是缺乏测量和比较的单位，缺乏可以帮助我们的任何符号或名目。我想我们迟早总须采取其他科学所常用的这些方法，但以眼前论，除掉在细心研究社会现象及其关系中，培养那有训练的评判外，我想不到其他可以推进社会学的办法。（《事实的挑战及其他》，页四一九。）

第三节　社会学的可能

但孙末楠对于社会学的希望，对于社会学的需要、价值和可能性的认识，却并未为这许多困难压倒。他说：

> 社会学是一门尚有待于成立的科学，它不过是个大纲的总目，这个大纲必须用我们长久和勤劳的研究来完成。（同上，页四一五。）

社会学尚在它的幼稚期中，可以确信的，它将长成为一门重要的科学，并且以其有益于人类论，也将居为第一。（《战争及其他》，页三七一。）

孙末楠虽把社会现象本身认为有许多不便于研究之点，但这却与其承认社会现象是受定律支配无关。只就他所常说的"社会界的自然法则"（Natural Law in Social Order）一语，即已可知其对社会现象作如何观了。社会现象既像自然现象那样也有条理可寻，法则可立，结论自然是社会学必可成为科学，而非研究上的困难所能根本推翻。其实关键是在他根本就不把科学看得那么狭窄，所以另一方面他也可以不相信社会学会成功为一个准确的科学，如自然科学那样。他并且警告我们不要作此种自欺欺人的尝试，因为我们缺乏像自然科学那样准确真实的材料，我们无时不是从事于建立和修改一些受着情境限制的论断，我们最多也只能搏得高度的概然律。不过在他看来，这都无碍，这并非根本的困难，我们唯有继续努力不断的克服它。只要我们始终持着严谨科学的态度和方法，社会学自有它的科学的价值，正如其他在同样状态下面有过光荣历史的科学一样。（注九）社会科学上的"科学"两字应在此种意义之下被解释。（注一〇）

第二章　社会学的本质

第一节　自然科学或文化科学

孙末楠虽没有照我们现在这种方式讨论这个问题，但从其理论中也不难看到他的倾向。要了解他这一方面的思想，须先相当知道他对于哲学和一般科学的基本态度——即其对于知识的看法。

孙末楠是一个对哲学——当然这是他所了解的哲学——很轻视的人。他早年在学生时代，在游学大陆时代，自谓曾经认真地治过哲学，而结果是无缘、是反动；觉得哲学是专讲抽象、虚幻、冥想、无从证验的东西；总之，觉得此路不通，大非追求真理的正路。为了这个不合脾胃，从早年一直到老，孙末楠与哲学便无多大关系。（注一一）

他既不满于哲学，自然只好转到科学的路上来。对于科学的见解，他在晚年一篇演说稿里说，大体是接受皮尔逊（K. Pearson）的说法；以为科学的目的和功用是在搜集事实，然后把它们分类，进而窥见这些事实的前后次序、因果关系，及其比较的重要性罢了。这种根据已经分类过的事实而得到的判断或通则，应该摆脱个人的偏见，而成为人人皆可把握、皆可运用的东西。（注一二）

皮尔逊在他的《科学典范》一书中未为科学下个定义，因而孙末楠自己提出了一个，他说：

> 科学是一般从事考研真理的人，由共同成立并信赖的方法，得来的关于实在的知识。（《土地的饥饿及其他》，页一八。）

他自己也特别声明，在这定义中他特别扼重方法一层，为的是他相信除了许多真正科学家的见解和方法外，再也找不到其他更好的真理的标准。

他说科学是关于实在的知识，而不说它是关于真理的知识者，他自己所举的理由是因为真理二字意义太难，并且他怀疑有所谓单一绝对的真理。《社会的科学》一书中说：科学不过是"经过锻炼和组织的常识"罢了。在科学中没有不变的法则，一切规律、一切通则、一切前提，都要不断的加以证实，随着经验和新事实而补充，而更正。所谓"法则"无非是人类靠着感觉官能和经验的省察与证明，对于事物间的关系和程序，作一种用语言文字来表现的公式，而与超绝哲学、神秘主义相反的。（注一三）

由这一段话，可以看到孙末楠的知识论仍不离盎格卢撒逊（Anglo-Saxon）传统的经验派和唯用派的根本精神。明了这一层，我们便不难抓住他的出发点及其治学的根本态度和方法。

从这种知识论及其他方面看去，无疑的，孙末楠并非法把科学只限于自然科学，虽然他不否认自然科学的准确性绝非其他科学所能及。（注一四）同时他又确信社会现象（文化在内）本身之有条不紊，原与自然现象无可区别，只要同用客观的——离开伦理的评价作用的——科学方法，结果皆有成为科学的可能。他尤其把社会定律的坚硬性看作与自然定律的无异。他说：

> 我们所敢确信和断言的是社会现象莫不受定律支配，并且表现于社会界的自然法则的整个性质完全是与物理法则相同的。(《战争及其他》，页一九一。)

所以，在孙末楠眼中，社会学与自然科学如有分别，那只在前者因对象性质复杂，往往非数量所能表现，或因研究方法未臻精善缘故，以致所得到的知识不能如后者那样准确。换言之，社会学与自然科学只是程度的不同，而非性质的不同，绝不至因文化现象本身有价值的成分，而使我们有另用一种观点和方法的必要。并且他以为社会学应研究行为或动作与结果间的因果次序和法则，而不可注重主观的动机方面，因为动机与结果是没有必然的关系的。(注一五)

他明明告诉我们说：

> 要把社会学建立为一门科学，我们唯有把它建筑在别种科学所已经证明为富有力量的同一基本方法上，而我这里所谓别种科学者，乃指较为准确的科学而言。(《事实的挑战及其他》，页四一〇。)

当他指斥一般有过科学训练而对社会问题独好武断的科学家的时候，又说：

> 原因（译者注：指武断的原因）是他们一向没把社会现

象和社会定律视为应以自然科学和他种科学的同样观点和同样思路去考察。(《事实的挑战及其他》,页四一九。)

但社会学与自然科学的这种通性,只是限于普通的基本方法和态度而言。孙末楠原也以为社会学不能全靠自然科学的方法,而自己必须有其特殊的方法,借以应付其特殊的对象。(注一六)社会现象虽与自然现象有其共通之点,但它们也一样的有相异之点;所以社会现象与自然现象究竟是属于不同的领域,所以社会学与自然科学,若以题材和特殊方法论,亦自应有别。孙末楠积极的主张以文化为社会学的主要题材,说文化是一切现象中之另一范畴,必须独立研究和解释。(注一七)这些说法岂不是又近于以社会学为文化科学的论调,只因他是生在时代的前头,挽近社会学上所发生的许多问题,未及见到,并且他平时所注意的只是向前作事实的研究,而不喜多谈此类问题,所以在这方面未曾多所论列。

第二节　普通社会科学或特殊社会科学

关于这一个问题,我们在孙末楠的整个著作中也找不到一句正面明白的答复。然而,其中非但不乏相当蛛丝马迹可寻,即就其重要的纯粹社会学著作——如《民风论》《社会的科学》等——的内容而论,也大有可供我们伸引的地方。现姑就重要的几点来说。

第一,据恺莱说(注一八),孙末楠晚年已决定采用"社会的科学"(The Science of Society)一辞代替社会学(Sociology),虽则事实上在他晚年的著作中两者是并用。他既把社会学视同"社会的科学"，那他的社会学涵义之广、包罗之富，是不言而喻的。这个社会学所着眼的一定是社会现象的整个，而不是某一部分的社会现象。（注一九）这等于说社会学是普通的社会科学。

第二，孙末楠在他的社会科学类表中（注二〇），特别注明说经济学与政治学本都是社会学部门，不过它们都已经独立了。这又证明他的社会学是普通的社会科学。

第三，专以《民风论》和《社会的科学》二书的内容来说，几乎可谓无所不包，简直涉及了社会现象全部。举凡经济、政治、宗教、家庭、娱乐等的一切风俗制度，一切原理原则，无一不在研究范围之内，这样的社会学，非普通的社会学科学而何？

这一点于以下讲到他的社会学定义时，当更可明白。其实孙末楠的社会学不但是普通的社会科学，而且是基本的社会科学，它所研究的乃是社会基本的现象。（注二一）孙末楠中年以后之所以不自满于政治经济，而献身于社会学者，也就是因为社会学独具有此种普通和基本的性质的缘故。

第三节　纯理社会科学或规范社会科学或应用社会科学

上文说过，孙末楠也是以为社会学的终极目的总不外是增进社会福利的。他并且常常说：社会学是教我们如何的在社会中共同生活；社会学的实际用处，是在由社会事实与社会定律中抽出正当的社会生活的规则。（注二二）然而，同时他又极端反对社会学上有何评价作用。他以为在客观的科学中，一切道德的评判都是不合其时宜的（注二三），以社会学家的立场，悲观主义和乐观主义都是一样的不适当。（注二四）纯理的社会科学只研究社会是什么，而抛弃一切"应该什么"。他说：

> ……一个社会学家若把道德的应用和实际的信念与其研究打成一片，他必将贻误到其份内正当的事业。（《社会各阶级的关系》，页一五五。）

又说：

> 以经济学为比喻，它并不告诉人怎样去致富。它是一门社会科学。它所研究的是人类物质幸福的定律，所以它不过各种科学中之一种，而这许多科学都是告诉我们关于地球和生命的条件和定律。……在经济学中没有命令，没有"应该"。它不预定教人应该做什么，正如化学不教我们应该去混合东西，正如数学不教我们应该去解答一个方程式一样。它不过给予我们以一种在作聪明的决定前所必要的要素。（《社会各阶级的关系》，页一五八。）

他又教我们分别以下二者：（注二五）

> 甲、科学的功用是去探求真理。科学是无色彩和非个人的。……它与法则运用所决定的人间祸福是无干的。
> 乙、实际行为上的道德的演绎，则可让受过科学教训的个人的理性和良心去引导。

由此可见孙末楠虽一面肯定社会学的可贵，在乎其将有所补益于人生，虽一面肯定一切科学最后都脱不了与实际问题联络，但另一面却不忘在步骤上应分清楚。他在晚年根本否认哲学家所称道的伦理学——最普通的规范科学——有成为独立学问的资格，尤其反对其与专事研究事实的——即纯理的——社会科学相混，以免妨碍客观的探讨。（注二六）

此外，我们说孙末楠的社会学是纯理的其中另一种意义是：社会学是分析的，要想建立法则的；不是叙述的，止于搜寻、描写，和记载事实的科学。（注二七）

至于社会学应否包括应用的学理一层，孙末楠虽然没有明白答复，虽然他一生曾写了许多表白其个人社会政策的文章，但从其他多方面看去，他的社会学的真正范围是不容纳那应用的一部分。在他的社会科学分类表中，他不把社会政策放在社会学一项下，或即因此意。《社会的科学》中明明地说：社会学对于社会设计、社会方针，是应漠然的。（注二八）不过，两者关系之密切，他也丝毫没有忽略，所以他说：

> 社会的科学若能领到一种聪明的、有效的、科学的社会管理，那是它的大成功。（《民风论》，页一一八。）

第四节　社会学定义

在孙末楠的著作中，我们找不到一个为他自己所明白的承认的社会学定义。《社会的科学》中虽曾提出了一个广极泛极的定

义，但连这个广极泛极的，也不知是否他所作。（注二九）以下姑
将他对于社会学的几种说法举出，或可借以想见其心目中的社会
学定义，大体是些什么。

在我们的脑中，现在有一个够用的社会的科学的定义是：
社会的科学是研究人类社会的演化和生活的科学。……我们
这里所提出的"社会"一概念乃指一群在通力合作的生活下，
去争得生存和传种的人类。（《社会的科学》，页六—七）

社会学是研究生活在社会中的科学。它考察在一切人类社
会中活动着的势力。它研究人类社会各种机能的结构和功用，
它的目的是去寻得那些决定社会形态，和支配社会制度的生长
与变迁的法则。（《战争及其他》，页一六七—一六八）

强健而有效的制度往往出我们意想之外的生长起来，因
为它们所需要的土壤与种子，都早已备好在那里。事实若果
真是如此，那我们要在一切制度的背后，找出那些造成和助
长它们的原因和情势来。这么一来，又把我们带到"社会力"
那一点上去。……最大问题是：什么是那些情势（Condition），
在平常讨论中很少注意到它们的存在，也没想到它们是整个
问题的关键或匙钥。假如这看法是没错的话，一门研究那些
"情势"的社会科学方法是唯一有价值的社会科学……（《事
实的挑战及其他》，页一四〇—一四一。）

我们此科所需要的……是一种科学方法，这种科学方法将
安分于对事实作冷静清楚的省察，并建立一些有明确价值的归
纳。这便是社会学所企图尝试的，假使我们能够追踪社会演化
自它的起源到它现在最高的形态，那我们或有希望认明其中活

动着的势力，和审定这些势力的法则；那我们或有希望了解现在周围的事物。并且，如其某种补救办法是有益或必须的话，那我们才有相当机会去作聪明的选择。（同上，页四二五。）

就是这些"社会的势力"，它们所在而活动的情境，它们所凭而运用的法则……它们的互相并合，和人类对于它们所能控制的界限等，唤起我们的研究。（《社会的科学》，卷三，页二二二一。）

……每个人都应该知道一个社会是什么。"社会"这一字有多种的用法。这多种的用法把它弄得非常混乱——同时社会学所关系的基本东西便是一个社会。……其次，还有一桩最要紧的事是：大家都得了解你们对社会能够做的是什么，不能够做的是什么。……凡从事于社会学的人，全应该洞悉社会的一切基本事实，社会是什么，在社会中何者为可能，何者为不可能等。（《事实的挑战及其他》，页四〇九。）

孙末楠在以上几段话中所用的"社会演化"，"社会结构和功能"，"社会力"或"社会的势力"，"社会法则"，及"社会形态"等诸名词或概念，考其由来和用法，实深受斯宾塞的影响。他自己也曾承认关于社会学的领域一问题，他早年最得力于斯宾塞。（注三〇）他所谓社会学是研究"社会的演化和生活"，可以说是把整个社会现象包括无遗。他所谓社会学是考察"社会力"，而他自己又始终没像吉丁斯那样，把它们分个清楚。这是很可惜的一点，他平常很喜欢说以下这一类话：

社会中的生活是一个人类社会在这地球上的生活，它的基本条件是为人类性质和地球性质所决定。(《战争及其他》，页一七三。)

所以他的"社会力"，分析到最后，也便非此"人类性质"和"地球性质"莫属，而此二者涵义之富，简直包括所谓物质的、生物的、心理的势力而有余。他在中年以后偏重文化现象，由是把文化认为最重要的社会力之一，以文化——包括民风、德型、制度等——为社会学最主要的题材。现引他自己的话为证。

> 但它们（译者注：指民风）不是有机的或物质的。它们是属于一种超机的，关于社会关系、习俗及制度上安排的系统。我们研究它们是为着它们的社会性（Social Character），为了这种"社会性"，它们在社会的科学中成为一个主要的要素。(《民风论》，页□。)
>
> 这样建立的结构（译者注：指由民风所演成的社会秩序）不是物质的，乃是社会的和制度的，那就是说，它是属于另一范畴，应独立研究和解释的。(《民风论》，页三五。)
>
> 社会的生活在乎造成民风和应用民风。社会的科学可以视为研究民风的。(《民风论》，页三四。)
>
> 风俗研究之于社会的科学等于细胞研究之于生物学。(《社会的科学》，卷一，页三一。)

这里有几点应该注意的是：甲、他此处所说的民风，并不限于纯粹的民风，实则包括一切由民风所演成的文化现象。乙、他在著作中本很少用超机（Super-organic）一字，而特别在此处提出。所谓"属于另一范畴"一语更可表示他的社会学对象的性质是有以别于其他基本科学的对象的。社会不是许多个人——构成分子——的总和，它是有它的独立的生命和法则。（注三一）社会学所着眼的就是这种超机的、属于另一范畴的、有它独立生命和法则的整个社会，及社会各部分间的关系。（注三二）

　　但从这以上很无秩序的、关于社会学的定义的说法中，我们最少要认清这一点：孙末楠所见到的社会生活是文化生活，而他所追求的便是这种文化生活背后的动因——即他所谓"社会力"，和这些"社会力"的运用方式——即我们现在所惯用的"社会历程"一概念。所以在那很零碎无章的社会学的界说中，原来已蕴蓄着他的整个社会观的出发点。

第三章　社会学与其他科学的关系

第一节　社会学与自然科学

　　孙末楠对社会学与其他科学的关系，或社会学在科学上的地位一问题，虽然没有完全忽略，但以其所发表过的著述为断，最少也忽略了一大极重要的部分。他在很早的一篇专论社会学的文章上，曾说过这一句话：

　　　　社会学势将从先验的空想和牵强的武断中，收回一大批顶重要的题目，这奋斗的猛烈程度要以这许多题目的庄严性和重要性为比例。不过这门斗争最好用间接的方式推进，只要限定社会学范围和指明它在科学上的地位，至于它与其他科学、其他人类事业的关系，那可让它们照着事实去调剂。（《战争及其他》，页一六七。）

我说他忽略了一大极重要的部分，因为他自己在这指明社会学在科学上的地位的工作上只做了一半。他虽然有一部分颇堪注意的、关于社会学与其他社会科学的关系的材料，但对于社会与别的基本科学——如数学、天文学、地质学、物理学、化学、生物学、心理学等——的关系一层，非但没有像孔德、斯宾塞那样各有其分类系统，即如戴格立夫和华特那样参加讨论，几乎也全付缺如，这从其整个社会学系统看去，未始不是一个缺憾。

关于社会科学与自然科学之关系，除了说其在方法上的关系之外，只有《社会的科学》中一句话：

> 在科学演化的程序中，社会科学是完全齐整地基于自然科学的发展，有如社会演化是随着有机的演化一样。(《社会科学》，卷三，页二一六四。)

关于社会学与生物学的关系，孙末楠的比较正面的答复，也不过这一段话：

> 社会中的生活是一个人类社会在这地球上的生活。它的基本条件是由人类的性质和地球的性质所决定。要维持在地球上的生活，必须与自然奋斗，且必须与他种生物竞争，这个事实的无上重要性，我们在生物学中早已熟悉。生物学与社会学就是在这后者一事实——生物竞争——上接触。社会学事研究由生存奋斗所产生的某一类现象，而生物学则研究由同一作用所产生的另一类现象。势力是一样的，不过所运用的领域不同，情境亦不同。这两门科学的确是相连的。(《战争及其他》，页二七三。)

对于这一点，孙末楠所明白直接表示的虽则只是这轻轻的几句，其实我们在他思想的骨髓里倒不难见到其学说——如调适论、生物竞争、敌对合作、人口律等——受十九世纪后半叶的生物学影响之深，间接可以推想到在其眼中，社会学与生物学的关系一定是很密切的。

对于社会学与心理学的关系，他则更守缄默。但据其在他方面表示与其所提的社会学观点而言，他虽不轻视心理学之为一门重要的独立学问，却以为最好社会学能不与专着眼于个人的心理学相混。（注三三）他甚至肯定地说："我的社会学绝不让它变为玄学的和心理学的。"（注三四）社会学的对象始终是有其独立生命和法则的社会。他并且教人说，社会学所要研究的是已经成为事实的行为与结果，而不是主观的意识、目的和理想等。（注三五）可是他在别处又说与这很矛盾的话，也教我们研究人们的动机、观念及错误的信仰等。（注三六）

在他那时社会心理学尚未发达，他对这一门学问自然并没讲到什么。但我们若从其思想本身看去，很容易的可以找到许多心理学上的概念，如"人类行为的四大动机""兴趣""人性""暗示""模仿""情操""快乐"和"痛苦"等，都是他所喜欢、所常用以描写和解释的名词。并且这些概念在他的学说上是占着很重要的地位的。若用挽近社会心理学的眼光度之，则其中一大部分可以视为与社会心理学性质相近的材料。孙末楠思想之所以为芝加哥的汤麦史和派克等所喜欢，一半是因为他的文化的观点，其余一大原因便是这种心理学的色彩。

此外，关于社会学与其他较疏的自然科学——如物理学、化学等——的关系，他简直一字不提，我们此处也用不着捕风捉影。

第二节　社会学与其他社会科学

一、社会科学分类

　　孙末楠对社会学与其他社会科学的关系一层，倒没有怎样疏忽。他自己曾拟定一个社会科学的分类表，印好分给学生，此表每年经过修改和补充，常载"不发表"等字样，以示其为暂定的。兹先将全表迻译于下，然后再进而讨论他的详细的意见。

暂拟社会科学分类表（注三七）

历史的和叙述的	分析的和动学的

人类学研究人类团体、人类团体与其住土的关系，及在此团体中为会员的情形。它包括以第一、第二、第三、第四、及第五各项。

自然科学类

1. 体质人类学（叙述的）或人类志，人类自然史，头壳测量学，解剖学和生理学下的种族特质的描写、畸形与变态，人类古生物学。	2. 体质人类学（动的）或人体学，人类学发生学，头壳学，根据构造和生理的特征而区分的种族分类，人类——合各种族为总合——与他种生物所关系遗传变异及发展的定律，食料、植物、动物、气候和土地的特征对于人的体质上发展的影响，移民，贩水土。

历史科学类

3. 民族志。描写现存的民族（不是种族）和部落，以及表现他们的特性的礼貌、风俗等。	4. 民族学，民族特质的分析和比较——种族的分别，人性特质的通则（它贡献材料给社会学），古人种学。

5. 历史人类学，史前、动植物所养训，利用自然物质与力量的历史，古学，各种社会形态的描写和历史，制度、技术、科学、礼俗、风俗、仪式、礼节及语言的历史，宗教的历史，财产的历史，思想史，婚姻及家庭组织的历史，社会的组织及其中阶级或团体的历史，民俗学，迷信虚荣、和战术对于产业及和平的贡献。

6. 社会的科学（社会学），社会的科学——一个寻求通则的科学采用人类学的材料，它分以下各部门去研究社会的演化和生活、组织：Ⅰ. 自存（产业组织，财产调节组织，宗教）；Ⅱ. 自续（婚姻与家庭）；Ⅲ. 自享（虚荣，娱乐，富美）。

7. 人口志，按着社会结构与功能的要素及生活现状，描述一个社会某时期的现实地位，生命统计和事实，宗教的、慈善的、改良事业的、健康事业的、教育的和文化的制度，警察法庭，陆军和海军，犯罪与罪恶的统计和事实，社会酬酢、卫生事业和教化事业等的统计和事实，参加近代式产业之各团体的地位。

8. 人口现状学，关于一个社会的维持和教化的通则，犯罪、罪恶、合社会病态的原因与性质；犯罪学，各种善后的、国济的、预防的、教育的和创造的机关所用之标准；刑罚学，军事服务、捐税和其他社会担负的影响，个别团体中人口现象的通论，一个户口调查的通论——要的是什么，怎样得来，一个户口调查的归纳，社会改良的信条和原理；社会政策。

9. 经济史，工业组织及其演化的历史，农业交易、财政、运输及保险的历史，广播和传递知识——用以增进社会需要的供给——之方法的历史。

10. 经济学，研究人类怎样靠着社会组织而达到其物质上最高的满足之情形，关于财政、税收及经济技术方面有系统的信条和原理。

11. 比较政治学，描写和比较各国政治组织上的各种制度与机关。

12. 政治学，国家与权利的总论，政治制度的分析，宪法、立法和行政的总论，关于社会福利的有系统的信条，政治技巧，国际法，法律学。

以上第九与第十一两项是第五项的部门，不过都已经独立了；第十及第十二两项与第六项也是这样的关系。

我们从这表中可以看到以下各点：

甲、在孙末楠的脑中，社会科学的两大类是：1. 叙述的或历史的社会科学和 2. 分析的或动的社会科学。前者的目的只在搜求，描写和记载事实；而后者的目的则在利用这些事实，分析这些事实，要想在它们的背后找出因果关系和原理原则来。

乙、社会学是属于后者这一类，因为它是分析的，寻求社会法则的科学。这一点是社会学主要的特质之一。

丙、社会科学中最主要、最基本的三大门是：

$$
\left.\begin{array}{l}
1.\ 人类学 \left\{\begin{array}{l} 人类志 \\ 人体学 \\ 民族志 \\ 民族学 \\ 历史人类学 \end{array}\right. \\
 \left\{\begin{array}{l} 经济史 \\ 政治史 \\ 等 \end{array}\right. \\
2.\ 社会学 \left\{\begin{array}{l} 政治学 \\ 经济学等 \end{array}\right. \\
3.\ 现势学（注三八）\left\{\begin{array}{l} 人口志 \\ 人口现状学（社会政策附之） \end{array}\right.
\end{array}\right.
$$

丁、人类学——尤其是民族志与民族学——贡献社会学以材料，因而它们的关系是非常的密切。

戊、社会学与现势学的关系好像不如社会学与人类学的关系，那么样被重视。

己、社会学在社会科学中之地位在此表中已表现得很清楚。它一面是界于人类学与现势学（以统计学为代表）之间，向它们取索材料，同时自己又是政治学、经济学等特殊社会科学的总门。

这几点我们在以下将分别讨论。

二、社会学与民族志和民族学

在孙末楠看来，人类学——特别是其中民族志和民族学二门——是供给社会学以材料的，而这种材料便是社会学理论所根据的事实。这类材料的可贵处据说有以下各点：（注三九）甲、我们对此种在时代、地点和文化上都与我们远隔的材料，自较容易客观。乙、古代和初民社会的现象比较简单，易于研究。丙、这种材料所表现的社会在演化的时间上是占着最长的一段，是一切制度的根源所在，一切基本现象的雏形。在理论上我们虽然可以从研究当今现象以解释远古现象，但实际上则不如倒转来研究好。此外，过去采用此种材料的研究的良好成绩，也可证明此路之比较可通与富有希望，确定孙末楠在社会学界之地位的《民风论》一书便是一例。

孙末楠认为社会学的最大危机是在不严紧于事实的研究，而民族志所给予我们的消息和报告，乃是所谓的事实中最重要的一部。他说：

> ……我们所应做的是向事实里去，并且要守着它愈紧愈好。我这里不是说统计事实，乃是指在我们周围的生活的现实和真理，正在继续下去的生活，人们的动机、观念和错误，以及为他们所深信不疑的虚假东西等。……我们设法使学生选读民族志和其他与这相关的功课。每个社会学学生都应具

有此类基本性质的课目所供给的丰富知识。他们若不此之图，社会学将成为飘于空气中的东西。(《事实的挑战及其他》，页四〇八。)

他对民族志如此之重视，可见在他的见解中，民族志与社会学的关系是怎样密切。但我们此处须注意两点：甲、按他的社会科学分类表中的文字，使我们对民族学（Ethnology）与社会学的根本分别不很明白。乙、他除了在该表中民族学一项下曾提及民族学贡献材料给社会学一语外，在他处几乎把民族学整个忘了似的，什么也没说到，而同时则特别不忘民族志对社会学的重要。个中原因也许是因为民族学本身便是分析性质的科学，它虽然贡献社会学以理论的材料，但当其采用民族志——叙途的科学——的材料时，在观点和旨趣上则与社会学不同；不然，民族学与社会学便无分别。换句话说，社会学利用民族志的材料必有其独立的背景，所以它们的关系是直接的，民族志所供给社会学的是原料，其所以可贵即在此，两者关系所以密切亦在此。

三、社会学与历史学

《社会的科学》一书因为极端主张采用民族志材料的缘故，甚至对历史材料也表怀疑；以为历史学虽能提供给社会学以及大宗和极重要的事实，但在现今状态的历史学之下，社会学家若贸然进入历史学家们自己尚纷争未了的园地，不但危险甚大，并且无此必要。（注四〇）这个见解也许并不是孙末楠的本意，而是恺莱的。至少孙末楠对此一点不会说得如此肯定，因为若证以孙末楠自己的言论和著作，处处都可以证明其对历史的熟悉和感觉历史在社会学的重要，虽然他对民族志的特别信赖和嗜好是可以断言的。他说：

　　……一门研究那些"情势"社会科学才是唯一有价值的社会科学，历史学的用处就在它对于这门科学的服务。(《事实的挑战及其他》，页一四一。)

又说：

　　社会学的材料、事实，和现象是在两种方式之下呈现于我们：第一，连续一串的——即历史，在历史中我们见到活动着的势力和前进着的演化；第二，统计，在统计中，当代的现象是大批成群的呈现着。(《被忘却的人及其他》，页三三八。参看《事实的挑战及其他》，页四〇一。)

又说：

　　此外，还有历史那一大领域，它供给我们大量的材料，在这材料之上建筑我们的演绎和通则，因此一个立志为社会学家的学生，决不怕历史懂得太多。假如历史能够教得好，并且能够按着近代知识和方法而教的话，它将于社会学的研究以一个很好的入门。(《事实的挑战及其他》，页四一一。)

孙末楠本身在历史方面是一个很有根柢的学者。当他早年在英国留学时代，与同学讨论白克耳（Buckle）学说，那时即对历史非常注意，即已相信社会科学应为历史的归纳才对。（注四一）早在一八七二年，当他被举为耶鲁大学政治和社会学讲座的主任之时，已是一位知名的，关于希伯来文、希腊文、宗教史和古史的权威。后来对中古史和美国史尤有深入的研究。即以《民风论》一书而论，其中所根据的材料，虽大部分是民族志的，但所引史事亦甚丰富。考其著述中所指明的材料来源，几使我们怀疑到他一生对历史性质的书籍杂志，竟会看得如此之多。

还有一点此处应该注意是：在他的社会科学分类表中虽无历史学一门，而实则他的历史人类学一门范围之广，简包括历史学而有余，只观他把经济史与比较政治学都认为是历史人类学的部门，这一点即可以证明。《社会的科学》中提倡社会学应尽量采用历史人类学的材料，而同时又反对采用历史材料，此中不无相当矛盾。

至于社会学与历史学之别，在孙末楠看来，是在乎：历史学是确定事件的连续次序，限于时间与空间的；社会学则在这些事件的前后次序中，探求在其中活动着的势力和因果关系，它是超乎空间与时间。换言之，历史学是叙述的，年代学性质的；社会学是分析的和综合的。孙末楠一生攻历史全是存着后者这种态度和旨趣，所以他常说这一类话：

> 关于历史，我觉得我们可以说历史的价值只在它所包含的真理，而不在别的。（《土地的饥饿及其他》，页一六〇。）
>
> 历史中满是教训，假如我们肯向它求教训的话。可是，如果我们向它要消息，而不能解释它的教训和讬论，那我们所得的将只是一些怪想和虚狂而已。（同上，页二〇八。）

吉丁斯说他是一个最彻底一贯的社会学家，这必是一大原因。

四、社会学与统计学

上文已讲过，按孙末楠的社会科学分类表，社会科学的三大门是人类学、社会学和现势学。从研究的对象方面看去，这三门在范围上的关系，似乎不很清楚。他承诺古代和初民社会是社会学的研究对象，这一点无可疑议，因此，社会学与人类学，以对象论，是并无分别。不过他以为一切社会起源都是在神秘中遗失去了的，社会的科学无须作种种无根的胡猜；相当的推论纵使是难免，也应该以所能得到的最早的事实为依据。所以他对于社会起源一问题是不怎样认真的。（注四二）

至于社会学是否应研究眼前当代的现象一层，《社会的科学》中明白表示社会学不管当代现象，而孙末楠自己在他处则含糊其辞。但因偏重于——尤其在晚年——研究原始社会、原始制度的缘故，故对当前社会现象不如其对古代文化之注意和偏爱，那是很明显的事实。也许即为了这原因，他才把眼前事实都交给现势学去研究。这个偏见正如一般喜欢研究当前现象的人，好把社会学视作研究近代文化的科学一样。派克言人类学与社会学之别乃在前者研究古代社会，后者研究近代现象社会，即是一例。

明了这个背景则不难了解孙末楠脑中的社会学与统计学的关系，因为所谓现势学者一大部都是统计学的材料。为了他在此问题上的含糊与偏爱，所以他对统计才一面有点不欲下手，另一面却又有点恋恋不舍。何以说不欲下手呢？这是他根本就有点不以研究当代事实为社会学的分内事的意思，并且以为统计材料本身有种种缺憾，所以，在他，统计于社会学并不算绝对重要。何以说恋恋不舍呢？这是因为他时常又说社会学在材料方面是要仰给于统计的（注四三），并且以为事实的描写和表现是一切分析的先决步骤，所以统计是顶有用，顶重要的东西。（注四四）

至于社会学与统计的不同，据他的意见，可比社会学与历史的差别。统计是观察、描写，和叙述性质的，它本身是静态的，一切关键都在我们如何解释它。它的重要处是在其中随着社会变迁而涨落起伏的部分。解释统计的匙钥常于产生此统计事实的情境中寻得，而此种情境又却非数字所能表现，所以每次困难之点无不在于怎样从统计与推引到理论的法则上去。社会学便是担任此种分析，解释和寻求法则的工作的科学。

五、社会学与经济学和政治学等特殊社会科学

我们以上已讨论过，孙末楠的社会学是普通的社会科学。各特殊的社会科学——如经济学，政治学，法律学，比较宗教学等——都不过是它的部门或所谓特殊社会学（Special Sociology）。合逻辑的说法应作：社会学与经济学和政治学等的关系等于普通社会学与特殊社会学的关系，不过这些特殊社会学都是各自独立了的。特殊社会学所着眼的是社会生活的部分，而社会学所着眼的是整个社会。（注四五）

我们说过孙末楠的性格和思想习惯是典型的社会学的，他从早年起就不安于政治经济学，以为过去经济学的失败在于把经济组织从其他社会组织中分开来独自的研究，以致错误产生。要想

不再蹈此覆辙，唯有采取社会学的观点，在综观社会各部分的关系之下，去研究经济或其他特殊现象。他早在一八八一年的一篇题为《社会学》的文章上说：

> 我们如果在经济学上要想更有成就的发展，我们必须向社会学那种把经济组织与其他社会组织合起来研究的研究中去找出路。社会学与我们的关系已经进到这地步：一个得到社会学眼前具有的知识的人，对于经济问题的评判，和对于一切社会关系的观念，一定会比一个念过整座图书馆所藏的经济学文献的人，高明和准确得多。经济学中主要的要素都不过是社会学原理中的系论或特殊事例。（《战争及其他》，页八二。）

但到底社会学与各特殊社会科学之别，是在于观点不同、方法不同，抑或对象不同？孙末楠始终没作过详细明确的表示。我们所得的印象也唯此而已。

此外，在《社会的科学》一书中，曾有几处声明该书何以不进一步讨论近世复杂的各种社会制度的理由。说是那些复杂的制度乃是特殊社会科学的题材，社会学只管社会演化最前和最基本的一段，社会学家的旨趣只在建立背景，和指明各种社会制度和组织向着近代发展的路线。（注四六）

六、社会学与应用社会科学

对于社会学与应用的社会科学之关系，孙末楠也没有正式的表示什么；只有一处旁及的稍微涉到社会学与教育学的关系，虽然他是一个极重视教育的人。他说：

> 社会学仍在幼稚中。眼前它只有一些最粗浅的概念，差可充为教育目的之用。(《战争及其他》，页三七一。)

由这一句话中可知社会学是教育学的基础，教育方针要以社会学理论为依据。

在社会科学分类表中，孙末楠把社会政策列在人口现状学之下；度其原因，大概是一来要借以说明：要决定社会政策，非先洞悉社会现势不可。二来要将社会政策与社会学分开，以示社会学的纯理性。他又极端主张社会学与伦理学脱离关系，甚至否伦理学有存在价值。他说：

> 近代人把道德和道德学划为一个独立的领域，与宗教、哲学和政治并立。在这种意义之下，道德变成一个不可能和非实在的范畴。这种道德并没有存在，亦绝对不能有。"道德"一语意谓凡属于德型的东西。所以道德的范畴决不能不援引其本身以外的事物，而可独自解释的。伦理学既与一个民族的时代民族性脱离关系，它要按着某种基本原理把流行的关于善恶的观念，织成系统，大概都是存着把道德建立在绝对信条之上的目的，使它变为普通的、绝对的，和永远的。……这种讨论方法（译者注：指伦理学方法）是最常用来对付社会问题的，并且是对于健全的事实研究大有损害。它们帮助着封锁社会科学在玄学的淫威之下。(《民风论》，页三七。)

第四章　社会学的方法

第一节　方法的重要

《社会的科学》里有一句话是："普通我们是不愿从事于所谓方法论的。"（注四七）所举理由是反对那种无谓的空谈方法和过度的崇拜某一方法。以为一个人若尽讲方法，往往会弄到与主观的概念纠缠不清，而反把客观的事实忘记了。我们须知道这些话只不过是一种警惕之语，或对于方法狂的一点儿反动，并非谓方法的不重要。事实上孙末楠是非常重视方法的，甚至将其科学的定义都建立在方法之上。（注四八）请看以下他论方法和正确方法的重要：

> 我们都知道，赢得一个有力而正确的方法，何止等于赢得全局的一半。赢得这些，其他各问题——如发现的探求、疑难的解决、错误的剔除，和结果的证明等——都只是用以搜集和控制原料的时间与精力问题。(《被忘却的人及其他》，页四一〇。)
>
> ……要把社会学建立为一门科学，我们唯有把它建筑在别种科学所已经证明为富有力量的同一基本方法上。(《事实

的挑战及其他》，页四一〇。）

　　我们此科所需要的乃是一种科学方法，而这种科学方法将安分于对事实做冷静清楚的审查，并建立一些有明确价值的归纳。这便是社会学所企图尝试的。（同上，页四一一。）

　　我替这一门研究证明它的真正科学的性质——不是已经了结和完成了的科学的性质——而这科学之所以堪称为真正，乃是为着它所用以发现真理的方法。（《事实的挑战及其他》，页四〇一。）

　　孙末楠是美国社会学界老前辈中，最努力于鼓吹社会学的科学方法或科学的社会学的一人，除了吉丁斯之外，几乎没人可以比得上。他虽然没有像吉丁斯那样著有专论方法的书，但我们从他的性格、言论和著述中，处处都感到一种迫人的对于真理的严肃和榜样。反对空谈方法而主张以成绩来证明方法的价值的，孙末楠诚当之而无愧。

第二节　社会学方法的内容

一、社会学方法与自然科学方法

　　我们上面已经讨论过孙末楠对于一般科学的见解。（注四九）在他看去自然科学与社会科学之别不是在乎根本方法和精神，而是在乎对象领域的不同。正确方法是一切科学的磐石。过去自然科学的良好成绩已足以证明它们所用的方法之可靠，所以他主张社会科学应该尽量向它们寻求暗示和教训。他说：

> 关于这一点，我的意见是：要把社会学建立为一门科学，我们唯有把它建筑在别种科学所曾经证明为富有力量的同一基本方法上。而我这里所谓别种科学乃指较为准确的科学而言。（《事实的挑战及其他》，页四一〇。）

又说：

> 我们在可能范围内应自持为真正科学的。我们当用的确有效和已经证明为可靠的方法，而不该相信别的。我们所用的方法应该无论在何时、何地，和何种题目上都要被认为合格的。（《事实的挑战及其他》，页四一〇。）

但这只限于根本的方法而言，他并不主张社会学把整套自然科学方法拿作己用。他并不相信社会学用自然科学的同样方法而可获得同样的成功，同样的结果。（注五〇）他的真意不过如《社会的科学》中所说：

> ……虽然科学的方法在根本上到处都是相同的，但在其应用上则随着不同的现象界而有所差别。……科学的程序一定要相当变更，而使它适合某种材料，而且所得到的结果在性质上一定也不同。（卷三，页二一六四。）
>
> 严格地伴用自然科学方法去进行社会的现象的研究，这是非常无聊的。这种假装结果无非是矫揉造作。（同上，页

二一六五。）

他在很早的一篇文章说：

> 由此说来，社会学需要着一种特殊的方法，在社会现象的观察者和解释者的身上，社会学也许是超乎一切科学之上的，要求着特别的技巧和敏慧。（《战争及其他》，页一七一。）

二、社会学的普通科学方法

可是孙末楠并没有把这社会学所应独具的，特殊科学方法或程序告诉我们，他直接间接所告诉我们的只是一些极普通和基本的科学步骤，我们无以名之，叫它为一般的科学方法，或即逻辑方法也无不可。现以他自己的话来证明：

> 我坚持着注重定义的严密，分析的精确，观察的准确，比较的仔细，推论的正当，和综合的详尽。这些便是构成所谓应用到各种题目上去的科学方法的东西。（《事实的挑战及其他》，页四〇一。）
>
> 分析、比较、综合，和演绎是科学方法的运用……（《社会的科学》，卷三，页二二一二。）
>
> 一切有效果的研究都是在经验或观察和概想的交替步骤下进行。（同上，页二一六八。）

不过孙末楠曾在这些普通科学步骤中特提出很重要的两点：

甲、采集材料前所应具的条件——在搜寻材料之先，一个研究员必须有个暂定的大纲，或分类表，或只是一种观点，或幻想也好，否则，他将不知道要到那里去寻找事实，和如何选择事实。他说：

> 一个社会学家在他没有得到事实之前，须先安排事实，这就是说，他一定要作一种事前的分类。然后才能够有秩序的收拾事实。他若不这样做，势将为大量的事实所淹没，而永远不能制服它们。（《战争及其他》，页一七一。）

> 把历史和统计的事实堆集起来，而希望"法则"会从中靠着内在的必要和自然的长成，而产生出来，这是幻觉罢了。……只有借着不断的回复参考到化为通则的程序，人们才知道他们所要的是何种事实，利在何种次序之下是最方便于寻得……何种事实为最重要，何者可以抛弃，最成功的研究乃是那些能用最高的聪慧，能用受过最好训练的对于材料来处的判断，来作方法的向导的。无可疑议的，幻想帮助科学之处即在此。（《社会的科学》，卷三，页二一六八——二一六九。）

但是他又警告我们说：

> 寻找某种你所需要的材料却与为着要袒护一个论点，而故意挑选某些事实并拒绝其他事实，是大大不同的。（同上，页二一九〇。）

乙、结论成立后的不断求证——通则或结论既已成立之后，根据着这通则而推论下去的演绎，虽是不可免的，然而这结论要始终不断的以新事实、新经验来证明，否则便有变为武断和玄学的危险。（注五一）科学上每个论断最多只是眼前最好的答案，无时不有被新发现推翻的可能。一切科学似乎都以"生长"为它们的命运和特质，要生长自然须不断的付诸重新考察、重新估价。（注五二）

此外，在方法上孙末楠平素又注重以下三法：甲、批评法，乙、归纳法，丙、民族志法和历史法（包括比较法）。以下请顺序述之。

三、批评法

孙末楠是一个嫉恶如仇的人，对一切武断虚狂的错误思想都不能忍耐，他一生的经验和学识告诉他："错误"的根蒂是不能尽除的，它是埋在人性的深处；唯有正确知识才是人类的救星。要摆脱"错误"而获得真知识，批评是唯一的法门，也是一切科学方法，科学精神的出发点。他说他自己每次想到批评的需要时，总忆起历史上一个最污点，一串最惨酷的事实，那就是欧洲中世纪的女巫迫害。（注五三）他说：

> ……它们（译者注：指"错误"的根蒂）无论何时都有重新长大，重新结果的可能。近世人拒绝了宗教的武断主义，而接受了许多政治武断主义……唯一安全之法是不断的实行批评的思想。我们切不可接纳任何虚幻的观念，我们应该批评一切思想，我们应该穷究所有的命题，一直至找到其与实在的关系为止。这便是我们所谓最深广意义之下的科学

的思想方式。自然这是可以应用到人类全部的活动上去，并且这种坚持着探讨实在的心习是最配称为科学的教育之产物。（《土地的饥饿及其他》，页二四。）

就这一段话已足以窥见孙末楠把批评看得如何重要，他在《民风论》中更直接的说批评方法便是科学方法，批评是科学方法中最主要的素质。（注五四）但所说的批评并非具有何等虚玄的和哲学意味的意义，乃是很平常的讲法。具体的说来，所谓批评方法者只是他时常所喜欢援引一句话——"始终要掘出那大前提来"。所要批评的是那大前提是否有事实的根据，是否与事实相符，或只是一种错觉或情感的产物与工具。他以为宗教与科学之别即在此。他虽一面承认批评往往会遇到悲观的倾向，但总以为尤其在这时代应当提倡批评精神，即悲观些亦无妨。（注五五）

四、归纳法

我们已知道孙末楠知识论的根本精神仍不脱盎格卢撒逊人典型的经验派的理论。他虽然还客气的承认演绎法有是唯一无可奈何的方法，但同时又说它是天才的特权，以为归纳法虽是迟笨，虽是平常，却比较是可靠得多，动听得多。（注五六）而他对武断和传统主义是毫不同情的。他说：

在方法上唯一真实的冲突是科学和传统及武断的冲突。这里我毫不犹豫于参加那一派。我不信赖一切非由科学方法得来的结果，并且我要弃置一切传统和武断的虚构如敝履。

（《事实的挑战及其他》，页四○一。）

孙末楠方法论上的口号是"到事实里去！"。他说：

> 我们若不照这样做，社会学变成飘于空气中的东西。我们有许多抽象的定义和观念，当然它们也许有相当哲学的价值和心理学的真理；但学生们要是以它们为出发点，则大有陷入那旧式的、从这些广泛观念而出发的演绎方法中的危险，而且整个东西将在云雾中遗失。我觉得这是社会学此日所须应付的最大危机。假若我们让它变成一种无根据的——针对实在的事实而言——空想和演绎的东西，那我们就别想对舆论会生何重大的影响，也别想大家会予我们以多少注意，或考虑我们的话。要得到我们所期望的和自分为值得的影响，唯一的办法是直接的和不断的将社会学与普通日常生活及社会秩序各形态相接触。（《事实的挑战及其他》，页四○九。）

孙末楠不但能说，而且能行；他自己的著作便是这种归纳方法的产物。他在《民风论》自序中说：

> 我这里所呈现的民族志的事实不是事后才添上去，用来辩证由其他方法得来的通则的。它们是从一大批用以引出这些通则的事实中选择出来的。（《民风论》，页□。）

不过我们须知道孙末楠所根据的人类学、民族志和历史等的材料，并不是由他自己直接实地调查和观察得来的。十之八九都是借着他的文字能力和广博阅览，从许多民族学家、人类学家、历史家、旅行家和传教士等所发表于书报杂志上的记载摘取下来的。

五、民族志法和历史法（包括比较法）

上文讲到社会学与民族志和历史的关系的时候，我们曾经说过：孙末楠虽不完全否认统计法和统计材料的价值——实则还恋恋不舍，但统计在他总不如民族志和历史之可贵，那是无可怀疑的。证以他自己的工作，他一生所走的路，可以说完全是偏于后者这一面，斯宾塞和泰娄等对他的方法的影响，也就在这个地方。他们使他认定了社会学的对象是文化现象，要建立社会的科学势须穷追到社会制度的根源，考察它们滋长的路径，和在其中活动着的势力。为完成这种工作计，自非打入人类学、民族志、历史等之门不可。

他既采用一般进化学派所共好的材料，同时也连带采用了他们的比较方法，所以也难免不沾染一些比较方法的普通弱点，虽则他在《民风论》中所描写的社会历程与真正进化学派所称道的演化历程并不一样。但他对比较方法并没有怎样特别鼓吹，《社会的科学》中也只有几句很普通的，说明比较方法的价值的话。说是比较方法是已经为各科学所证明为正当而有效的（注五七）；在社会科学中社会学是最先认真的、大规模的利用比较法，而比较法已成为一种对付社会事实最通常和成功的方法。（注五八）

当然，我们这里所谓孙末楠是用民族志法和历史法，不是说他的观点是历史的——着眼于事件的时地要素——乃是说他取材于民族志和历史罢了，严格说来，不能叫做方法，只可谓为进路，即英语所谓。

第三节　柯莱和派克论孙末楠的社会学方法

以上各节所述，多半是以孙末楠自己的言论为依据，我们若再向其著作中，去考研他所实用的方法的话，结论也是一样。柯莱与派克对这一点都有很好的断语，值得特别介绍在这里，使我们更可明了孙末楠社会学方法的真相。

《民风论》一书是美国社会学界所公认为不朽的名著，吉丁斯、步济时、柯莱、派克等所尊崇为美国产的社会学文献中数一数二的杰作。柯莱和派克各都做过一篇专论孙末楠的方法的文章（注五九），目的是要根据他这最重要的著作，而说明到底他用了甚等方法而获得这样成功，与其给我们的教训是什么。结果两个人的结论是相同的，孙末楠实在没有什么新奇了不得的方法。他所用的方法是很旧的，是向为各科学所常用的普通科学方法罢了。柯莱说：

当我考虑这问题的时候，使我最感触的是《民风论》并不与流行的任何方法论的定则相符合。它不是数量的；它不是靠着统计方法进行的；它不是由个案研究造成的；它不是心理分析的，也不是行为主义的……。不单如此，它绝不是基于怎样直接观察的著述——差不多全是第二手的。还有，最后，也是最坏的，他的客观性也有问题。我们不是没有理由而说孙末楠决非一个无偏见的。(柯莱:《社会学说与社会研究》,页二一二五。)

凡我所说关于孙末楠的《民风论》的,差不多也都可以拿来说达尔文的《物种由来》,两者在方法上性质是相同的。这两部书的作者似乎什么也不管,只顾搜集最可能大量的适切的事实,和努力于找出这些事实意义。(同上,页三二六。)

柯莱又告诉我们他对于孙末楠的著作所推想到的两点:甲、《民风论》一书中的活力全赖其中丰富而且表现得生动的事实材料,这足以证明作者的耐性和不急功好名。乙、他的成功可予我们的另一教训是,方法要靠自己,方法最好是自己打出来的。别人的指示和传授有时固很有益,但最要紧的还是一己的经验、判断和常识。

派克之论孙末楠的方法,所见与此略同。他说:

……用正式的话来描述和解释孙末楠所用以进行其研究的方法,是容易的。就大体而论,它们是一个探讨者和一个自然科学家的方法,而不是一个技术师的方法。……要紧的是我们须注意到孙末楠乃以兴趣,非以问题,开始他的研究的。平常我们总是先陈述好问题,然后才按照特殊问题的研究,而讲究方法。方法二字若作这样解释,那孙末楠可以说是无方法可言。(来斯:《社会科学中的方法》,页一五五。)

派克进而从孙末楠的方法——假如可谓为方法的话——中特别举出以下几点:甲、虽然孙末楠的材料大半都是第二手的,但他借着懂得多种文字的便宜和博学,而终能搜罗得那样丰富而可量的材料。乙、他将这些丰富材料分类起来。丙、分类的结果，得到许多重要的概念。他一面靠着这些概念来描写和解释社会现象，另一面又把它们当为方法上的工具，借以进行更深一步的研究。这一套概念合组起来，构成一个"参考的架构"（Frame of Reference），而这种"参考的架构"乃是科学方法，最重要的部分，也是一个科学向前进展的先决条件。从派克看来，孙末楠对社会学之一大贡献即在此。（同上，页一五九——一六二。）

为孙末楠作传的司达尔（Starr）氏述及孙末楠搜集材料的方法时，也不过这样说：

> 他记下整千整万的笔记，并且加以分类记。这些笔记中的消息的来源，多得几乎使我们不相信，且有许多是不易到手的。凭他字典和文法书本上所记的年月计算，他在四十五岁之后才得到关于瑞典文、挪威文、荷兰文、西班牙文、葡萄牙文、意大利文、俄文和波兰文的很够用的知识。（《孙末楠传》，页三八八——三八九。）

以上这些对孙末楠方法的见解，的确是很透辟的，他在《民风论》中所用的方法是达尔文的方法，是想尽方法去搜集多量适切的事实，然后把它们分析、比较、分类，化为通则，再继以重新求证演绎。更简括的说，他的方法不过是搜集事实和解释事实罢了。这不是我们所熟知的普通科学方法而何？所不同者，他能够按其个人经验、锐利眼力、独立观点，和刻苦忍耐的精神，终把这些顶普通的方法在他手中变成灵活而有效的工具。这便是柯莱所谓"方法要靠自己"的意思。

本篇附注

注一　司达尔，《孙末楠传》，页三八七。

注二　《战争及其他》，页一八〇——八三，参看以下，页二〇二—二〇四。

注三　《事实的挑战及其他》，页四一五—四一六;《战争及其他》，页一七;《被忘却的人及其他》，页四六七一—四六八。

注四　《社会的科学》，卷三，页二一六八。

注五　《战争及其他》，页一六七。

注六　详见《事实的挑战及其他》中《社会学的困境》一文。

注七　《社会的科学》，卷三，页二一七一。

注八　《战争及其他》，页一七〇——七一。

注九　《事实的挑战及其他》，页四一〇。

注一〇　《社会的科学》，卷三，页二一六五。

注一一　参看《孙末楠传》，页三四一;《民风论》，页三七一—三八。

注一二　《土地的饥饿及其他》，页一七;《参看民风论》，页三二。

注一三　《社会的科学》，卷二，页一三三二——一三三三;卷三，页二一六四—二一六八——二一六九—二一七三——二一七四—二一七五。又《土地的饥饿及其他》，页二四。

注一四　《社会的科学》，卷三，页二一六五;参看以上，页一八〇——一八一。

注一五　详见《土地的饥饿及其他》中《目的与结果》一文。

注一六　以下，页二〇七。

注一七　以下，页一九〇——九一。

注一八　《民风论》，页V。

注一九　《社会的科学》，卷三，页二二〇八。参看以下，页一九五——九六。

注二〇　同上，卷三，页二二一三——二二一四。

注二一　《事实的挑战及其他》，页四〇七—四〇八。

注二二　《战争及其他》，页一六八。

注二三　《社会的科学》，卷三，页二一八五—二一八七。

注二四　《战争及其他》，页一八六。

注二五　《社会各阶级的关系》，页一五九。

注二六　《民风论》，页三七一三八。

注二七　参看以下，页一九八—二〇一。

注二八　《社会的科学》，卷三，页二一八七。

注二九　看本页第一段引文并以下，页一九五，社会科学分类表。

注三〇　《事实的挑战及其他》，页九一一〇。

注三一　《社会的科学》，卷一，页一五；卷三，页二二二〇。

注三二　参看《战争及其他》，页一八〇—一八二。

注三三　《社会的科学》，卷一，页四〇一四一；卷三，页二〇四二，二一七五—二一七六。

注三四　*American Journal of Sociology*, Vol. XV, No. 2, p. 209 (1909 Sep.).

注三五　详见《土地的饥饿及其他》中《目的与结果》一文。

注三六　《事实的挑战及其他》，页四〇八；以下，页一九八。

注三七　原表见《社会的科学》，卷三，页二二一三—二二一四。恺莱曾声明此表中字句曾被他相当更改，尤其第六一项。

注三八　原书中及他处并无此名称，这字眼是选述者自拟的，用来权作人口志和人口现状学的总名词。

注三九　《社会的科学》，卷三，页二一八三—二二〇〇。

注四〇　《社会的科学》，卷三，页二一八五—二一八六。

注四一　《孙末楠传》，页七二。

注四二　《社会的科学》，卷三，页二一八四；《民风论》，页七一八。

注四三　以上，页一九九。

注四四　《社会的科学》，卷三，页二二一〇。

注四五　《事实的挑战及其他》，页四〇七。

注四六　《社会的科学》，卷一，页六九五—七〇一。

注四七　《社会的科学》，卷三，页二一九二。

注四八　以上，页一八二。

注四九　同上。

注五〇　以上，页一八〇—一八一。

注五一　《社会的科学》，卷三，页二一六九—二一七七。

注五二　《土地的饥饿及其他》，页二四。

注五三　《土地的饥饿及其他》，页二〇—二三；《民风论》，页六三二—六三四。

注五四　《民风论》，页六三三。

注五五　《土地的饥饿及其他》，页二六—二八。

注五六　《事实的挑战及其他》，页四〇〇—四〇一。

注五七　《社会的科学》，卷三，页二一九〇。

注五八　同上，页二二〇七。

注五九　柯莱，《孙末楠与方法论》，见《社会学与社会研究》，卷一二，期四，页三〇三—三〇六。派克，《孙末楠、汤麦史，和齐南尼基的社会学方法》，见来斯（Rice）《社会科学中的方法》，页一五四—一七五。

图书在版编目(CIP)数据

孙末楠的社会学/黄迪著.—北京:商务印书馆,2022
(百年中国社会学丛书)
ISBN 978 - 7 - 100 - 21719 - 4

Ⅰ.①孙… Ⅱ.①黄… Ⅲ.①孙末楠—社会学—
研究 Ⅳ.①C91

中国版本图书馆 CIP 数据核字(2022)第 170991 号

百年中国社会学丛书
孙末楠的社会学
黄 迪 著

商 务 印 书 馆 出 版
(北京王府井大街 36 号 邮政编码 100710)
商 务 印 书 馆 发 行
北 京 冠 中 印 刷 厂 印 刷
ISBN 978 - 7 - 100 - 21719 - 4

2022 年 11 月第 1 版　　　　开本 880×1240 1/32
2022 年 11 月北京第 1 次印刷　　印张 7¾
定价:59.00 元